首都圏版㊱ 使いやすい！教えやすい！家庭学習に最適の問題集！

東京学芸大学附属
小金井小学校

2021年度版

過去問題集

<問題集の効果的な使い方>

①お子さまの学習を始める前に、まずは保護者の方が「入試問題」の傾向や、どの程度難しいか把握します。もちろん、すべての「学習のポイント」にも目を通してください

②各分野の学習を先に行い、基礎学力を養いましょう！

③「力が付いてきたら」と思ったら「過去問題」にチャレンジ！

④お子さまの得意・苦手がわかったら、その分野の学習をすすめ、全体的なレベルアップを図りましょう！

合格のための問題集

東京学芸大学附属小金井小学校

お話の記憶	1話5分の読み聞かせお話集①・②
見る記憶	Jr・ウォッチャー20「見る記憶・聴く記憶」
図形	Jr・ウォッチャー10「四方からの観察」
数量	Jr・ウォッチャー37「選んで数える」
常識	Jr・ウォッチャー27「理科」・55「理科②」

全40問

昨年度実施の過去問題 ＋ それ以前の特徴的な問題 を収録!!

日本学習図書 ニチガク

目指せ！合格！ 家庭学習ガイド 東京学芸大学附属小金井小学校

入試情報

応募者数：男子509名　女子496名
出題形態：ペーパー、ノンペーパー
面　　接：なし
出題領域：ペーパー（お話の記憶、見る記憶、数量、図形、常識など）、巧緻性、行動観察、運動、口頭試問

入試対策

2020年度入試も、例年同様、2日間にわたって入学調査が行われました。1日目がペーパーと巧緻性、2日目が行動観察、運動、口頭試問でした。
ペーパーテストでは、お話の記憶、見る記憶、数量、図形、常識などが出題されました。基礎的な内容が中心ですが、解答時間が短いため、集中して、速く、正確に解けるよう、理解とスピードの双方を準備して臨むようにしてください。
巧緻性テストでは、手先の器用さとともに、指示をきちんと聞いたり、課題の内容を理解したりする力が観られています。また、運動テストでは、運動の出来不出来だけでなく、指示を理解しているかどうかや、待っている時の態度もチェックされていると考えてよいでしょう。態度やマナーは、短期間で身に付くものではありません。ていねいな言葉遣いや行動を心がけ、自然に振る舞えるようにしておきましょう。

- ペーパーテストでは、特に難しい問題はありません。常識や数量の分野は、ふだんの生活を通じて身に付けることができるものが多くあります。日常生活の中で学べることを、見逃さないようにしてください。
- 2日目は、行動観察、運動、口頭試問が実施されました。ここでは指示をしっかり聞き、理解し、行動することが求められます。すべての基本は「人の話を聞くこと」です。ふだんから「会話の内容が理解できているか」「自分の考えをきちんと伝えられるか」といったことを意識するようにしてください。

必要とされる力 ベスト6

特に求められた力を集計し、左図にまとめました。
下図は各アイコンの説明です。

チャートで早わかり！

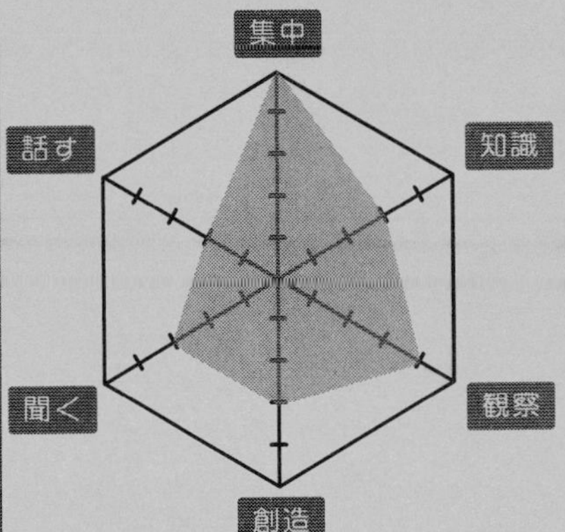

	アイコンの説明
集中	集中力…他のことに惑わされず1つのことに注意を向けて取り組む力
観察	観察力…2つのものの違いや詳細な部分に気付く力
聞く	聞く力…複雑な指示や長いお話を理解する力
考え	考える力…「～だから～だ」という思考ができる力
話す	話す力…自分の意志を伝え、人の意図を理解する力
語彙	語彙力…年齢相応の言葉を知っている力
創造	創造力…表現する力
公衆	公衆道徳…公衆場面におけるマナー、生活知識
知識	知識…動植物、季節、一般常識の知識
協調	協調性…集団行動の中で、積極的かつ他人を思いやって行動する力

※各「力」の詳しい学習方法などは、ホームページに掲載してありますのでご覧ください。http://www.nichigaku.jp

「東京学芸大学附属小金井小学校」について

＜合格のためのアドバイス＞

当校は、東京学芸大学の４つの附属小学校のうちの１校で、「明るく思いやりのある子」「強くたくましい子」「深く考える子」を教育目標としています。当校の特徴的な行事として、３年生以上の児童が全員参加する、山や海での校外宿泊生活があげられます。卒業までに６回、合計 20 日間を超えるこの生活は、自然を体験するだけでなく、共同生活を通じて心身を成長させる目的も持っています。

当校の入試には、調査前抽選がありません。志望者全員が入学調査を受け、合格者を対象に抽選を行います。年度により調査内容に大きな変化が見られないこともあり、例年、志願者倍率は 10 倍前後と、高い水準です。ミスをせず、確実に正解することが必要です。学習においては、さまざまな問題に対応できるよう、幅広い分野の基礎・基本を反復学習して、学力の土台をしっかりと作った上で、応用問題に取り組んでいくことをおすすめします。

入学調査では、１日目にペーパーテストと巧緻性、２日目に運動テストと口頭試問が行われます。2020 年度入試（2019 年秋実施）のペーパーテストでは、お話の記憶、見る記憶、数量、図形、常識などの範囲から出題されました。調査時間が短く、場の雰囲気に慣れることができずに終わってしまった、というお子さまも多かったようです。入学調査当日にお子さまが充分に力を発揮できるよう、ふだんから自信を付けさせるような声かけを行うようにしてください。

通学に関しては、区域が厳密に指定されており、通学時の安全やマナーの指導は保護者に任されています。入学調査の口頭試問においても、学校までの交通手段や時間などを受験者に問われることがあるので、調査当日も公共の交通機関を利用してください。また、お子さまにも、学校までの交通経路や交通安全マナーなどについて理解させておきましょう。

なお、併設の小金井中学校へは、連絡進学の制度がとられていますが、無条件の進学ではありません。出願にあたって、当校が幼・小・中の一貫教育ではないことを充分に理解している必要があります。

〈2020 年度選考〉

＜１日目＞

◆ペーパーテスト

（お話の記憶、見る記憶、数量、図形、常識など）

◆巧緻性

（紙をゴムでまとめる）

＜２日目＞

◆行動観察

（ジャンケン列車）

◆運動

（立ち幅跳び）

◆口頭試問

（「好きな○○は何ですか」、片付け）

◇過去の応募状況

2020 年度	男子 509 名	女子 496 名
2019 年度	男子 523 名	女子 474 名
2018 年度	男子 540 名	女子 531 名

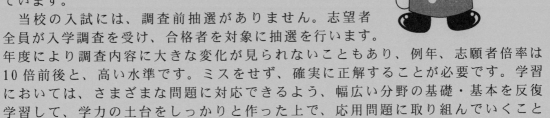

東京学芸大学附属小金井小学校

過去問題集

〈はじめに〉

現在、少子化が叫ばれているにもかかわらず、私立・国立小学校の入学試験には一定の応募者があります。入試は、ただやみくもに学習するだけでは成果を得ることはできません。志望校の過去における出題傾向を研究・把握した上で、練習を進めていくこと、その上で試験までに志願者の不得意分野を克服していくことが必須条件です。そこで、本問題集は小学校を受験される方々に、志望校の出題傾向をより詳しく知って頂くために、過去に遡り出題頻度の高い問題を結集いたしました。最新のデータを含む精選された過去問題集で実力をお付けください。

また、志望校の選択には弊社発行の「2021年度版　首都圏・東日本　国立・私立小学校　進学のてびき」をぜひ参考になさってください。

〈本書ご使用方法〉

◆出題者は出題前に一度問題を通読し、出題内容などを把握した上で、〈　準　備　〉の欄に表記してあるものを用意してから始めてください。
◆お子さまに絵の頁を渡し、出題者が問題文を読む形式で出題してください。問題を読んだ後で、絵の頁を渡す問題もありますのでご注意ください。
◆「分野」は、問題の分野を表しています。弊社の問題集の分野に対応していますので、復習の際の目安にお役立てください。
◆問題番号右端のアイコンは、各問題に必要な力を表しています。詳しくは、アドバイス頁（ピンク色の１枚目下部）をご覧ください。
◆一部の描画や工作、常識等の問題については、解答が省略されているものがあります。お子さまの答えが成り立つか、出題者が各自でご判断ください。
◆〈　時　間　〉につきましては、目安とお考えください。
◆解答右端の［〇年度］は、問題の出題年度です。［2020年度］は、「2019年の秋から冬にかけて行われた2020年度入学志望者向けの考査で出題された問題」という意味です。
◆学習のポイントは、指導の際にご参考にしてください。
◆【おすすめ問題集】は各問題の基礎力養成や実力アップにご使用ください。

〈本書ご使用にあたっての注意点〉

◆文中に **この問題の絵は縦に使用してください。** と記載してある問題の絵は縦にしてお使いください。
◆〈　準　備　〉の欄で、クレヨンと表記してある場合は12色程度のものを、画用紙と表記してある場合は白い画用紙をご用意ください。
◆文中に **この問題の絵はありません。** と記載してある問題には絵の頁がありませんので、ご注意ください。なお、問題の絵の右上にある番号が連番でなくても、中央下の頁番号が連番の場合は落丁ではありません。
下記一覧表の●が付いている問題は絵がありません。

問題1	問題2	問題3	問題4	問題5	問題6	問題7	問題8	問題9	問題10
									●
問題11	問題12	問題13	問題14	問題15	問題16	問題17	問題18	問題19	問題20
●	●								
問題21	問題22	問題23	問題24	問題25	問題26	問題27	問題28	問題29	問題30
問題31	問題32	問題33	問題34	問題35	問題36	問題37	問題38	問題39	問題40

㊢ 先輩ママたちの声！

◆実際に受験をされた方からのアドバイスです。
ぜひ参考にしてください。

東京学芸大学附属小金井小学校

・受付時間までは校庭で待機することになります。親子ともに、防寒対策や悪天候への備えはしっかりしておいた方がよいでしょう。

・待ち時間の態度はよく観られています。

・保護者の待ち時間が２日間とも長く、本を持ってきた方がよかったと思いました。

・並んで待っている間、泣いていたり、騒いでいたりするお子さまが数名いました。ふだんとは異なる雰囲気でも緊張させない声かけが必要だと感じました。

・ペーパーテストは簡単な問題なので、ミスをしないようにすることが大切です。

・巧緻性（制作）の課題は簡単なものですが、１回しか説明されず、時間も２分間と短いので、よく聞いて作業することが必要です。説明を聞いていなかったために、上手にできなかったお子さまもいたそうです。

・運動テストの立ち幅とびの着地で手をついてしまったのですが、合格をいただけました。

・口頭試問では、好きなものを答えたあと「それについて詳しく教えてください」「もう少し詳しく教えてください」と促されました。説明をする練習もしておいた方がよいです。

・試験は、子どもの性格そのものを観ているようなので、明るく元気な子に育てることが大切だと感じました。

・試験開始後は遅れることもなく、30分程で子どもが戻って来ました。両日とも「楽しかった」と言っていました。

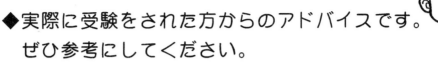

◎学習効果を上げるため、前掲の「家庭学習ガイド」及び「合格のためのアドバイス」をお読みになり、各校が実施する入試の出題傾向を、よく把握した上で問題に取り組んでください。
※冒頭の「本書ご使用方法」「本書ご使用にあたっての注意点」も併せてご覧ください。

2020年度の最新問題

問題１　分野：記憶（お話の記憶）

聞く　集中

〈準備〉　鉛筆

〈問題〉　お話を聞いて、後の質問に答えてください。

今日は、よく晴れた日です。公園の池の中では、オタマジャクシくんとメダカさん、キンギョさんがお話をしています。「私、泳ぐのが速いのよ」「ぼくだって」「私だって」「じゃあ、みんなで競争しようよ」と、キンギョさんが言い、みんな賛成しました。メダカさんが「よーい、ドン」とかけ声をかけて、オタマジャクシくんとメダカさん、キンギョさんが一斉にスタートしました。競争が始まると、メダカさんが１番先に進み、オタマジャクシくん、キンギョさんがその後に続きました。池の外から様子を見ていたカエルさんが「がんばれ、がんばれ」と、オタマジャクシくんを応援しています。メダカさんはそのまま１番でゴール。キンギョさんはゴール近くでオタマジャクシくんを追い抜いて、ゴールしました。カエルさんは「メダカさんすごいね」と言いました。メダカさんは「もう少ししたら、また競争しましょう」と言いました。

（問題１の絵を渡す）
３番目にゴールしたのは誰でしょうか。○をつけてください。

〈時間〉　15秒

〈解答〉　左端（オタマジャクシ）

［2020年度出題］

学習のポイント

当校のお話の記憶は、お話が短く、設問数も少ないのが特徴です。まず、登場人物を把握しましょう。本問の場合、競争をしているのはオタマジャクシくんとメダカさん、キンギョさんの３人で、カエルさんはオタマジャクシくんを応援しているだけで、競争には参加していません。次に気を付けるのは、それぞれの登場人物の動きです。ここでは、最初はメダカさん→オタマジャクシくん→キンギョさんだった競争の順番が、途中からメダカさん→キンギョさん→オタマジャクシくんの順になるところがポイントです。お話を聞きながら、それぞれの登場人物が、場面ごとにどのように変化しているのかをイメージできれば、正解することができます。「○番目」ではなく、「続きます」などの言葉から順番を判断することは、当校に限らず必要です。毎日の読み聞かせの中で、問いかけながら身に付けていくようにしましょう。

【おすすめ問題集】
１話５分の読み聞かせお話集①・②、お話の記憶問題集 初級編・中級編、
Ｊｒ・ウォッチャー19「お話の記憶」

問題2　分野：記憶（見る記憶）

観察　集中

〈準備〉　鉛筆

〈問題〉　（問題２－１の絵を見せる）
この絵をよく見て覚えてください。
（15秒後、問題２－１の絵を伏せて、問題２－２の絵を渡す）
今見た絵と同じ絵に○をつけてください。

〈時間〉　30秒

〈解答〉　左下

［2020年度出題］

学習のポイント

絵の記憶には、本問のような同じ絵がどれかを選ぶ問題や、絵の中にあったものや数を答える問題などがあります。必要な力は観察力と集中力です。基本的には、よく見て記憶するという方法でしか正解することができないので、苦手なお子さまにとっては克服するのに時間のかかる分野になります。絵本などを一瞬見せて、何が描いてあったかを答えさせたり、間違い探しなどをしたりと、遊びやゲームをするような感覚で、絵を覚えるという機会を増やすようにしましょう。入試間際になって、慌てて対策してもあまり効果はありません。見る記憶が出題される学校を受験する場合は、早めに対策学習に取り組むことを心がけてください。

【おすすめ問題集】
Ｊｒ・ウォッチャー20「見る記憶・聴く記憶」

問題3　分野：数量（選んで数える、ひき算）

観察　考え

〈準備〉　鉛筆

〈問題〉　上の四角にあるイチゴとリンゴは、いくつ数が違うでしょうか。その数だけ下の四角のおはじきに○をつけてください。

〈時間〉　１分

〈解答〉　○：３

［2020年度出題］

学習のポイント

本問を段階的に考えると、まずイチゴとリンゴの数を数えて、次にその差を答えるということになります。それほど難しい問題ではありませんが、「いくつ数が違うでしょうか」という問題の出し方に慣れていないかもしれません。「イチゴはいくつ多いでしょうか」「リンゴはいくつ少ないでしょうか」という表現であれば、比較的解きやすいのですが、「数が違う」と言われると、何を問われているのかがわからなくなるのです。実際におはじきなどを並べてみるとわかりやすくなりますが、上記の３つのどの表現で出題されても正解は３個なのです。イチゴを基準に考えれば「３個多い」、リンゴを基準に考えれば「３個少ない」、両者を比較して考えれば「３個違う」ということになります。このように問題の言い方で、難しさは変わってきます。ただ、問題の本質を理解できていれば、問われていることは同じだということに気付くことができます。そのためには、具体物を使った学習で、考え方の基礎を身に付けることから始めましょう。

【おすすめ問題集】

Ｊｒ・ウォッチャー37「選んで数える」、38「たし算・ひき算１」、
「たし算・ひき算２」

問題４　分野：数量（一対多の対応）

観察　考え

〈準備〉　鉛筆

〈問題〉　左の四角にある車は「洗濯バサミ」と「ペットボトルのキャップ」と「割り箸」からできています。右の四角にあるパーツを組み合わせて車を作ると何台できるでしょうか。下の四角のおはじきにその数だけ○をつけてください。

〈時間〉　１分

〈解答〉　○：４

［2020年度出題］

学習のポイント

まずは、何を問われているのかを考えてください。「洗濯バサミ」「割り箸」「ペットボトルのキャップ×２」を１セットにして、何セット分作れるかということになります。それがわかれば、後は数えるだけです。オーソドックスな方法としては、セットごとにまとめて○で囲むやり方がありますが、パーツがランダムに並んでいる本問では、かえってわかりにくくなってしまいます。なので、本問ではパーツごとに数えていく方法がよいでしょう。洗濯バサミ４個、割り箸４個、ペットボトルのキャップ８個なので、４セット作れることがわかります。おすすめできるものではありませんが、こうしたセットを作る問題で、見本で１個しか使われていないパーツ（本問では洗濯バサミ・割り箸）の数だけをかぞえるという方法があります。パーツに余りが出ないということが前提になりますが、セットで１個だけしか使われていないということは、「セットの数＝パーツの数」ということになります。いわゆるハウツーなので、豆知識程度に覚えておいてください。

【おすすめ問題集】

Ｊｒ・ウォッチャー37「選んで数える」、42「一対多の対応」

問題5　分野：図形（四方からの観察、座標）

観察　考え

〈準備〉　鉛筆

〈問題〉　動物のビスケットが、左の絵のように棚に並んでいます。右の絵のように向こう側の男の子から見た時、色を塗った場所にある動物のビスケットはどれでしょうか。下の四角から選んで○をつけてください。

〈時間〉　20秒

〈解答〉　右から３番目（ヒヨコ）

［2020年度出題］

学習のポイント

四方からの観察と座標の複合問題になります。１番のポイントは、棚の向こう側からの視点で見るというところです。大人にとっては、自分以外の視点からものを見る（想像する）ことはそれほど難しいことではありませんが、未就学児にとっては意外と難しい作業になります。なので、想像することが難しければ、実際に見せてあげましょう。透明なクリアファイルなどに本問と同じようにマス目と動物を描けば、両側から見ることができます。手前側から見た時には左下にあったヒヨコが、反対側から見ると右下にあるということが実感できるでしょう。このように実際に目で見ることで理解が深まり、それを繰り返すことで感覚的に答えが出せるようになっていきます。

【おすすめ問題集】

Ｊｒ・ウォッチャー２「座標」、10「四方からの観察」

問題6　分野：図形（同図形探し）

観察　考え

〈準備〉　鉛筆

〈問題〉　上の四角の影の中にはいくつかの道具が隠れています。下の四角から隠れている道具を探して○をつけてください。

〈時間〉　30秒

〈解答〉　左端（セロハンテープ）、左から２番目（ハサミ）、真ん中（鉛筆）、右から２番目（のり）

［2020年度出題］

学習のポイント

同図形探しをアレンジした問題になります。同じ形ではあるのですが、一方は影（シルエット）になっており、しかも重なっているので、形の一部が隠れてしまっています。そういう意味では、図形の問題ではありますが、推理（欠所補完）の要素も含まれています。解き方としては、形の特徴をしっかりとらえて、同じものを見つけるということになります。本問では、同じような形が選択肢にないので、直感的に解くことのできる問題だと思いますが、お子さまが難しく感じているようでしたら、選択肢の形を切り取って、実際に重ねてみるとよいでしょう。パズルのような感覚で取り組むことができ、どう重なっているのかも目で見ることができるので、問題の理解を深めることができます。

【おすすめ問題集】

Ｊｒ・ウォッチャー３「パズル」、４「同図形探し」、59「欠所補完」

問題７　分野：常識（理科）

知識

〈準 備〉　鉛筆

〈問 題〉　ここに描かれている絵の中で、命のあるものに○をつけてください。

〈時 間〉　１分

〈解 答〉　下図参照

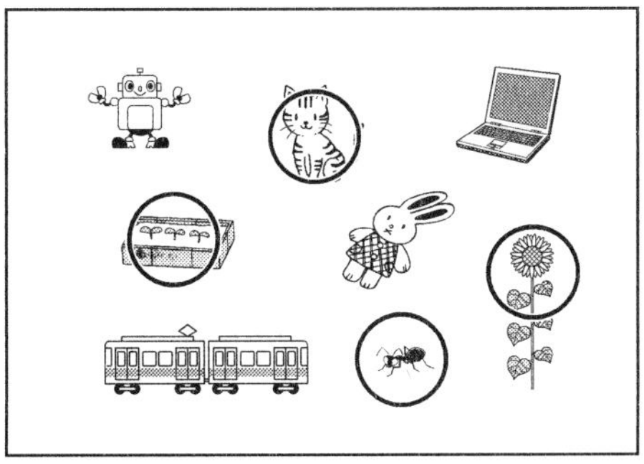

[2020年度出題]

学習のポイント

「命のあるもの」という意味が理解できれば、難しい問題ではありません。「生きもの」や「植物」という直接的な表現であれば、より簡単に答えられると思いますが、「命のあるもの」と言われると、少し考えてしまうお子さまもいると思います。動くロボットには命はありませんし、動かない植物には命があります。突き詰めていけば命の根源的な話になってしまいそうですが、ここでは「生きもの」「植物」ととらえておけばよいでしょう。当校では、本問のような、問題の意味を考えさせる出題が時折見られます。すべての学習の基礎として、言葉を理解する力が必要となるので、ふだんの会話や読み聞かせなどを通じて、「聞く」「理解する」ということを意識していきましょう。

【おすすめ問題集】

Ｊｒ・ウォッチャー11「いろいろな仲間」、27「理科」、55「理科②」

問題8　分野：常識（マナーとルール）

知識　公衆

〈準備〉　鉛筆

〈問題〉　４つの絵の中で、正しく並べられているものに○をつけてください。

〈時間〉　30秒

〈解答〉　右下

［2020年度出題］

学習のポイント

典型的なマナー問題です。知っていなければ正解することはできないので、きちんと身に付けておきましょう。小学校に入学すれば、給食の配膳などで、こうした知識が必要になってきます。受験のための知識ではなく、生活の中に活かすことのできる知識でなければ意味はありません。こうした問題が出題されるということは、家庭でしっかりとマナーやルールを教えておいてくださいという、学校の意志の表れでもあります。小学校受験はペーパー学習だけでなく、生活学習が重要になります。日常生活の中で学べることは数多くあるので、生活と学習を切り離すのではなく、「生活＝学習」という気持ちで小学校受験に取り組んでいくようにしましょう。

【おすすめ問題集】

Ｊｒ・ウォッチャー12「日常生活」、30「生活習慣」、56「マナーとルール」

問題9　分野：巧緻性

聞く　集中

〈準備〉　タオル地の小さな髪ゴム、Ａ４サイズの画用紙

〈問題〉　この問題は絵を参考にしてください。

これから「巻きもの」を作ります。今から見本を見せるので、その通りに作ってください。

（実際の試験ではモニターでの説明）

画用紙を短い方から丸めて筒を作り、ゴムを２重にして筒の真ん中で留めてください。できたら、机の上に置いてください。

〈時間〉　２分程度

〈解答〉　省略

［2020年度出題］

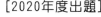

学習のポイント

制作とも巧緻性とも呼べる問題ではありますが、どちらにしても単純な問題です。問題ははモニターを使って、お手本を作る様子を見る形で出題されます。聞き逃したり、見逃したりしてしまうと作ることができなくなってしまうので、集中して見る（聞く）ようにしてください。やること自体はシンプルなのですが、ゴムが小さくて２重にすることができなかったり、画用紙を細く丸めることができなくてゴムに入らなかったりといったことがあったようです。意図したねらいなのかどうかはわかりませんが、「ゴムが小さいから、筒は細くしないと入らない」と考えてから紙を丸める必要があります。簡単そうに見えますが、意外と手間どって、完成できなかったお子さまもいたということです。

【おすすめ問題集】
　実践 ゆびさきトレーニング①・②・③

問題10　分野：行動観察

聞く　集中

〈準 備〉　タンバリン

〈問 題〉　**この問題の絵はありません。**
ジャンケン列車
①タンバリンの音に合わせて行進する。
②音が止まったら、近くにいる人とジャンケン。
③負けた人は勝った人の後ろにつながる。
④①～③を２回繰り返す。

〈時 間〉　１分程度

〈解 答〉　省略

［2020年度出題］

学習のポイント

行動観察→運動→口頭試問（生活巧緻性）という流れで、２日目の試験は行われます。ジャンケン列車は、当校で例年行われている課題なので、ルールを知っておくとスムーズに取り組むことができます。何度も繰り返して、優勝者を決めるまで続けることが多いゲームですが、当校では時間も短く、回数も２回のみで、「チャンピオンは決めません」と指示があったそうです。このことからも、具体的に何かを観るというのではなく、準備運動的な位置付けの課題と考えてよいでしょう。きちんと指示を聞いて、行動することができれば問題はありません。もし、ジャンケン列車がどういうものかわからなければ、インターネットなどで調べておくとよいでしょう。

【おすすめ問題集】
　Ｊｒ・ウォッチャー29「行動観察」

問題11　分野：運動

聞く　集中

〈準　備〉　ビニールテープ、運動用のマット（川に見立てたテープを３本貼っておく）

〈問　題〉　**この問題の絵はありません。**
できるだけ遠くにジャンプして、川を飛び越えましょう。跳ぶ時に線を踏んではいけません。また、着地した時にお尻と手はつかないようにしてください。

〈時　間〉　適宜

〈解　答〉　省略

［2020年度出題］

学習のポイント

例年行われている、立ち幅跳びの課題です。はじめに、先生がお手本を見せてくれます。シンプルな課題ではありますが、「（ジャンプする時に）踏み切りの線を踏まない」「（着地の時に）手やお尻をつかない」など、いくつかの指示があるので、よく聞いておきましょう。立ち幅跳びで１m近く跳ぶことは、お子さまにとっては少し難しいかもしれません。しかし、失敗を恐れずに思い切って跳ぶ姿勢を見せることができれば、悪い評価はされないはずです。本問では、自分が課題を行っている時だけなく、待っている間の態度も観られています。指示通りに座って待つ、ほかのお友だちが課題に取り組んでいる最中にふざけないなどといった、集団行動におけるマナーも観点の１つです。

【おすすめ問題集】
新運動テスト問題集、Ｊｒ・ウォッチャー28「運動」

問題12　分野：口頭試問、生活巧緻性

聞く　話す

〈準　備〉　筆箱、鉛筆（２本）、クレヨンの箱、クレヨン（２本）、セロハンテープ、つぼのり、道具箱

〈問　題〉　**この問題の絵はありません。**
これから１人ずつ質問をします。呼ばれた人から私（出題者）のところに来てください。それ以外の人は、男女別々に並んで体育座り（三角座り）をして待っていてください。
①「好きな食べもの（本、くだもの、おもちゃなど）は何ですか」の質問の後、「どうして好きなのですか」「それについて、詳しく教えてください」など、掘り下げる質問が続けられる。
②机の上にあるものを、重ならないように道具箱に片付けてください。

〈時　間〉　２分程度

〈解　答〉　省略

［2020年度出題］

学習のポイント

運動の後に、簡単な口頭試問が行われます。難しい内容ではないので、聞かれたことに対して、自分の考えを言葉にできれば問題ないでしょう。大きな声で元気よく、相手の目を見てハッキリと返事をすることを心がけてください。「好きな○○は何ですか」という質問が行われ、その答えに対して、さらに掘り下げた質問もされます。ふだんのお子さまとの会話の際に、もう一言添えるようにすると、こうした質問への対策になるでしょう。例えば、「何でそう考えたの」と理由聞いたり、「もう少し詳しく教えて」と詳細な説明を促したり、「ほかにどんなものがあるの」と具体例を引き出したりする感じです。また、「今のところをもう少し簡単に話して」と、相手がわかるように言い換えさせるのもよいでしょう。

【おすすめ問題集】

新口頭試問・個別テスト問題集、面接テスト問題集

家庭学習のコツ①　「先輩ママのアドバイス」を読みましょう！

本書冒頭の「先輩ママのアドバイス」には、実際に試験を経験された方の貴重なお話が掲載されています。対策学習への取り組み方だけでなく、試験場の雰囲気や会場での過ごし方、お子さまの健康管理、家庭学習の方法など、さまざまなことがらについてのアドバイスもあります。先輩ママの体験談、アドバイスに学び、ステップアップを図りましょう！

2019年度以前の過去問題

問題13　分野：お話の記憶

聞く　集中

〈準　備〉　鉛筆

〈問　題〉　お話を聞いて、後の質問に答えてください。

タヌキくんは、ネコさん、ウサギさんといっしょに、動物村公園に遊びに行きました。公園に着くとタヌキくんは、「みんなでブランコで遊ぼうよ」と言って、ブランコの方へ走っていきました。ネコさんとウサギさんがタヌキくんのいるブランコのところへ着くと、タヌキくんが困っています。「どうしたの」とウサギさんが聞くと、「ブランコが２つしかないんだ。これじゃあ３人いっしょに遊べないね」と答えました。「それじゃあ、ジャンケンでブランコに乗る順番を決めようよ」とネコさんが言ったので、３人はジャンケンを始めました。「ジャンケンポン」と一斉に手を出すと、タヌキくんはグー、ネコさんはチョキ、ウサギさんはパーでした。「あいこだね。もう１回だよ」そう言って、もう１度一斉に手を出すと、タヌキくんはグー、ネコさんもグー、ウサギさんはチョキでした。「あっ、負けちゃった。それじゃあお先にどうぞ」とウサギさんが言ったので、タヌキくんとネコさんは「ありがとう」とお礼を言って、ブランコで遊びました。

（問題13の絵を渡す）
①ジャンケンで、同じ手を２回出したのは誰ですか。選んで○をつけてください。
②チョキを出したのは誰ですか。すべて選んで○をつけてください。
③お話に出てこなかった動物をすべて選んで、○をつけてください。

〈時　間〉　各15秒

〈解　答〉　①左から２番目（タヌキ）　②左端（ネコ）、右から２番目（ウサギ）
③真ん中（クマ）、右端（キツネ）

［2019年度出題］

学習のポイント

当校で例年出題されているお話の記憶の問題は、お話が比較的短く、設問数が少ないことが特徴です。本問のジャンケンの手のように、細かい描写を登場する動物と対応させて覚えなければいけない点が難しいので、集中して聞き取らなくてはなりません。ポイントは情報整理の仕方です。スタンダードな聞き取り、お話の内容把握ができるようになったら、動物たちが「何をしたか」という描写とセットで覚える練習をしてください。本問の場合、「何をしたか」というのはジャンケンで何を出したかということと同じなので、タヌキが出したのは「グー、グー」、ネコは「チョキ、グー」、ウサギは「パー、チョキ」（タヌキ、ネコ、ウサギの順に、１回目はグー、チョキ、パー、２回目はグー、グー、チョキでもよい）ということが把握できていればよいということになります。ふだんの読み聞かせの際に、登場した人物・動物の数、名前、それぞれに対応する描写の３点をセットで質問して、「いつも聞かれること」として自然に把握、整理できるようにしておきましょう。

【おすすめ問題集】
１話５分の読み聞かせお話集①・②、お話の記憶問題集 初級編・中級編、
Ｊｒ・ウォッチャー19「お話の記憶」

問題14　分野：記憶（見る記憶）

観察 集中

〈準 備〉　鉛筆

〈問 題〉　（問題14－１の絵を見せる）
この絵をよく見て覚えてください。
（15秒後、問題14－１の絵を伏せて、問題14－２の絵を渡す）
今見た絵と同じ絵に○をつけてください。

〈時 間〉　30秒

〈解 答〉　右上

［2019年度出題］

学習のポイント

見る記憶の問題も、当校では例年出題されています。比較的覚えやすい絵が扱われ、気を付けて覚えるポイントも３～４カ所というパターンでの出題が多いので、傾向に合わせた練習がしやすい問題と言えます。本問のように出題傾向に沿った問題は、その日の最初の学習として、１日１問解くようにすることをおすすめします。学習時間への切り替えのための小テストが、そのまま試験対策に直結するので効果的です。絵を見て記憶する際は、まず全体を見渡して、大まかな特徴をつかみます。その後１つひとつを細かく確認して、最後にもう１回全体を見る方法が一般的です。答えの絵を見る時も同じように目を配ると、絵の違いに気付きやすくなります。

【おすすめ問題集】
Ｊｒ・ウォッチャー20「見る記憶・聴く記憶」

問題15　分野：言語（言葉の音）

知識 集中

〈準 備〉　鉛筆

〈問 題〉　上の絵の言葉の音には、別のものの名前が隠されています。その言葉を下から選んで、線でつないでください。

〈時 間〉　１分

〈解 答〉　下図参照

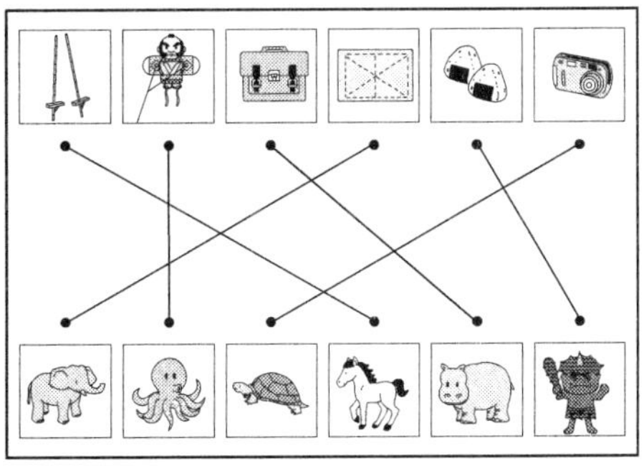

［2019年度出題］

学習のポイント

例えば、「タケウマ」の音の中に「ウマ」が含まれているということを、本問では「名前が隠されている」という表現で説明しています。問題自体はそれほど難しくないので、質問が理解できればスムーズに解くことができるでしょう。小学校入試の言語分野の問題には、しりとりや頭音つなぎなど、さまざまなパターンの出題がありますが、そういった出題は言葉を音の集合ととらえることを前提としたものです。言葉の音としてとらえる力は、それ自体を知識として学ぶというよりは、会話や他分野の学習の中で、経験的に身に付くものです。練習問題や言葉遊びを通して、数多くの言葉に触れることが最も効率のよい学習方法でしょう。

【おすすめ問題集】

Ｊｒ・ウォッチャー17「言葉の音遊び」、18「いろいろな言葉」、
60「言葉の音（おん）」

問題16　分野：常識（季節・理科）

知識　集中

〈準備〉　鉛筆

〈問題〉　（問題16-１の絵を渡す）
左側の３枚の絵は、同じ行事に使うものを表しています。真ん中の「？」のところに入る絵を、右から選んで○をつけてください。
（問題16-２の絵を渡す）
上の絵の生きものは、生まれた時どんな姿をしていますか。下の絵から探して線でつないでください。

〈時間〉　１分

〈解答〉　①上（羽子板／お正月）　②真ん中（柏餅／端午の節句）
③下図参照

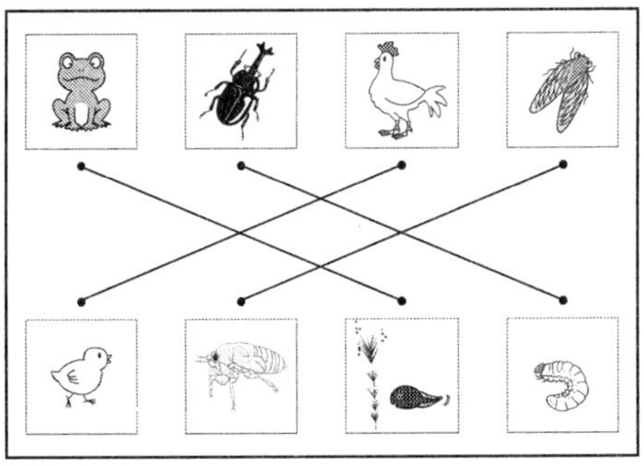

［2019年度出題］

学習のポイント

常識分野の問題では、さまざまなものに対して、名前だけでなく、季節、仲間、使い方など、特定のテーマについて聞かれます。本問の場合は、季節の行事と、生きものの生まれた時の姿がテーマです。このような出題に対応するための工夫の１つとして、問題で扱われた知識を声に出して反復することがおすすめです。例えば、「門松・羽子板・鏡餅といったらお正月。お正月といったら、門松・羽子板・鏡餅」のように、関係を入れ替えながら言葉にします。「行事」の知識に限らず、常識分野の知識は混同しやすいものです。ある程度覚えたら、知識を整理することも忘れないようにしてください。また、言葉にして覚えることが難しい知識については、図鑑や映像と使って覚えることと、生活や体験を通して覚えることを同時に進めていくと、知識が定着していきます。

【おすすめ問題集】
Ｊｒ・ウォッチャー27「理科」、34「季節」、55「理科②」

問題17　分野：図形（鏡図形）

観察　考え

〈準備〉　鉛筆

〈問題〉　左の絵を見てください。鏡の前で女の子が歯を磨いています。この時、鏡に映っている女の子の姿はどれですか。右の４枚の絵の中から選んで○をつけてください。

〈時間〉　20秒

〈解答〉　左上

[2019年度出題]

学習のポイント

当校の図形分野の問題では、平面図形と立体図形の両方が例年出題されています。平面図形の問題は、重ね図形、同図形探しなど、さまざまな形で出題されていますが、絵や図形を認識する力が観点となっていることは、例年変わりがありません。鏡図形の問題では、鏡に絵を映した時、その絵の特徴的な部分がどのように見えるのかに注目します。本問の場合、女の子のポーズと持っている歯ブラシがポイントになります。左側の絵を見ると、女の子は右手に持っている歯ブラシを動かして、歯を磨いています。つまり、歯を磨いている絵で、歯ブラシを左手（向かって右側の手）に持っている左上の絵が正解となります。図形の問題では、絵の特徴的な部分に注目して、正解の絵を頭に思い浮かべてから正解を探すのが基本的な方法です。答え合わせをする際にも、この点をふまえた説明をするようにして、目の配り方や考え方が身に付くように進めてください。

【おすすめ問題集】
Ｊｒ・ウォッチャー４「同図形探し」、８「対称」、48「鏡図形」

問題18　分野：図形（展開）

観察　考え

〈準備〉　鉛筆

〈問題〉　紙を４つに折ってから、色のついた部分を切り取ります。その後、紙を開くと、どのような形になりますか。右から選んで○をつけてください。

〈時間〉　各20秒

〈解答〉　①左から２番目　②右から２番目　③左端

［2019年度出題］

学習のポイント

４つ折りの正方形の紙であれば、紙を開くと切り抜いた部分が４カ所できます。しかも、その切り抜かれた部分の形は対称になります。ですが、そういったことを説明してもお子さまには理解できないでしょう。「対称」という言葉の意味がわかるはずもありません。学校が観たいのも、先取り学習した結果ではなく、「折り紙を開いた時に切り抜いた形がどうなるのか」をイメージする力があるかどうかです。それも、対策学習で得た知識ではなく、実際に折り紙を折ったり、切ったりした経験によるものが望ましいと考えているはずです。

【おすすめ問題集】

Ｊｒ・ウォッチャー５「回転・展開」

家庭学習のコツ②　「家庭学習ガイド」はママの味方！

問題演習を始める前に、試験の概要をまとめた「家庭学習ガイド（本書カラーページに掲載）」を読みましょう。「家庭学習ガイド」には、応募者数や試験課目の詳細のほか、学習を進める上で重要な情報が掲載されています。それらの情報で入試の傾向をつかみ、学習の方針を立ててから、対策学習を始めてください。

問題19　分野：図形（積み木）

観察　考え

〈準 備〉　鉛筆

〈問 題〉　積み木を重ねた形があります。それぞれの問題に答えてください。
①積み木はいくつありますか。その数だけ左下のおはじきに、○をつけてください。
②積み木を矢印の方向から見ると、どのように見えますか。右上の絵の中から選んで、○をつけてください。
③積み木を２つ組み合わせて、お手本の形を作ります。右下の絵のどの積み木を組み合わせるとできますか。積み木の向きは変えてはいけません。２つ選んで○をつけてください。

〈時 間〉　各20秒

〈解 答〉　下図参照

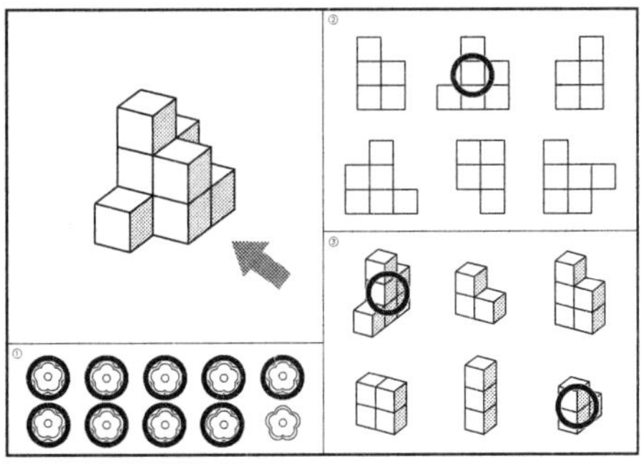

［2019年度出題］

学習のポイント

立体図形に関する問題は、積み木や四方からの観察の形で扱われる、当校では頻出の分野です。本問では、積み木の数、側面の形、立体の構成と、さまざまな点から立体をとらえる力が観られています。立方体の積み木をいくつか積み上げた図形を見る時は、常に一定の方向から見るようにしましょう。例えば本問の積み木を左側の列から見ていくと、左側の列は、奥に２個、真ん中に３個、手前に１個積み木があります。右側の列は、奥に１個、真ん中に２個あり、左右合計で９個の積み木があることがわかります。このように見ていくと、手前の積み木で隠されている部分も見落としすることなく数えることができます。また、②③の問題を見ると、左右の列に切り分けた形が、そのまま選択肢の中に見つけられます。つまり、列ごとに分けて数える方法は、立体を平面図形に近い視点で見られるので、積み木の数をかぞえるためだけでなく、四方からの観察や、立体の構成にも応用できる考え方だと言えます。

【おすすめ問題集】

Ｊｒ・ウォッチャー16「積み木」、53「四方からの観察　積み木編」、
54「図形の構成」

問題20　分野：数量（数のやりとり）

考え　集中

〈準　備〉　鉛筆

〈問　題〉　タヌキくんとキツネさんとネコさんが、それぞれドングリを集めながらお家に帰ります。帰り道では、角を必ず曲がって進みます。途中でリスさんに会ったら、ドングリが３つもらいます。木のところを通ったら、ドングリが２つ拾えます。キツツキさんに会ったら、ドングリを２つあげます。家に帰った時、タヌキくんとキツネさんとネコさんは、それぞれドングリをいくつ持っていますか。その数だけ、お家の四角の中に、タヌキくんは○、キツネさんは△、ネコさんは×を書いてください。

〈時　間〉　２分

〈解　答〉　タヌキ：○６、キツネ：△５、ネコ：×３

［2019年度出題］

学習のポイント

あみだくじのルールに通りに進み、ドングリの数の増減を答える問題です。ドングリを数えた後は、答え方の指示にしたがって記号を書き込みます。進み方、数の増減、答え方と、３つの指示が同時に出されているため、ややこしく感じてしまうかもしれません。実際には、それぞれの動物で数を増減させながら、道を進めて解いていくことになります。例えば、キツネの場合、ドングリの数は「２個→０個→２個→５個」と変化します（途中で１度ドングリがなくなってしまうところが、難しいところです）。もし、０（ゼロ）の概念がよくわかっていないようならば、無理に理解させずに、「ドングリがなくなった」と言い換えて進めてください。また、動物たちの家が解答欄になっていますが、マスが少し小さいため、はみ出さないように答えを書きましょう。ほかにも、実際に問題を解いてみると、どのような点が、ご自分のお子さまにとって難しいのか、ある程度把握することができるようになります。

【おすすめ問題集】

Ｊｒ・ウォッチャー38「たし算・ひき算１」、39「たし算・ひき算２」、43「数のやりとり」

家庭学習のコツ③　効果的な学習方法～問題集を通読する

過去問題集を始めるにあたり、いきなり問題に取り組んではいませんか？　それでは本書を有効活用しているとは言えません。まず、保護者の方が、すべてを一通り読み、当校の傾向、ポイント、問題のアドバイスを頭に入れてください。そうすることにより、保護者の方の指導力がアップします。また、日常生活のさまざまなことから、保護者の方自身が「作問」することができるようになっていきます。

問題21　分野：数量（数の多少）

集中　観察

〈準備〉　鉛筆

〈問題〉　（問題21－1の絵を渡す）
①カエルくんとクマさんとゾウさんが風船を持っています。風船を1番多く持っているのは誰ですか。選んで○をつけてください。
②チューリップとヒマワリがいくつかあります。これらの花の数はどれだけ違いますか。その数だけ右側のおはじきに○をつけてください。
（問題21－2の絵を渡す）
③タコとイカとタツノオトシゴがいます。この中で、数が1番多いのはどれですか。その生きものの下にあるおはじきに、その数だけ○をつけてください。

〈時間〉　各20秒

〈解答〉　①真ん中（クマ）　②○：2　③左（タコ）に○：6

［2019年度出題］

学習のポイント

数の多少を比較する計数の問題です。数を正確にかぞえることは、数量分野の問題を解くために必要であるだけでなく、小学校進学後の生活でもほぼ毎日使用するものなので、当校の入試では必ず出題されている分野の1つとなっています。小学校入試に向けて、身に付けるべき計数の力は、①1～15までの数を正確にかぞえられる、②10以下の数の合計や差を求められる、③ランダムに散らばったものを重複なく数えられる、の3つです。これら3つができるようになることを最初の目標として進めてください。慣れてきたら、対象となるものの数を大きくしたり、計算を複雑にしたり、散らばっているものを2～3種類に増やしたりするとよいでしょう。

【おすすめ問題集】
Ｊｒ・ウォッチャー14「数える」、37「選んで数える」、
38「たし算・ひき算1」、39「たし算・ひき算2」

家庭学習のコツ④　効果的な学習方法～お子さまの今の実力を知る

1年分の問題を解き終えた後、「家庭学習ガイド」に掲載されているレーダーチャートを参考に、目標への到達度をはかってみましょう。また、あわせてお子さまの得意・不得意の見きわめも行ってください。苦手な分野の対策にあたっては、お子さまに無理をさせず、理解度に合わせて学習するとよいでしょう。

問題22　分野：巧緻性

聞く　集中

〈準備〉　紙（Ａ４サイズ）、ビニール袋（封筒程度の大きさのものにあらかじめ穴を２つあけておく）、ひも（30cm程度のもの）

〈問題〉　**この問題は絵を参考にしてください。**
これからお手紙と封筒を作ります。今から見本を見せるので、その通りに作ってください。
（出題者は見本を作りながら、以下の説明をする）
①お手本のように、紙を左上から右下に折ってください。
②次に、紙を下から上に折ってください。
③上に出た紙を下の紙に巻くように折ってください。
④できたら、透明の袋に入れてください。
⑤袋の穴に、ヒモを後ろから通します。
⑥ひもをチョウ結びにしたら、完成です。

〈時間〉　10分程度

〈解答〉　省略

［2019年度出題］

学習のポイント

試験の場では、映像（DVD）による説明を見てから作業に取り組みました。制作作業中に映像を見直すことはできなかったようなので、１度の説明で作り方を理解する必要があります。このような場合には、①何を作るために、②どんな作業をするのかをまず理解して、③その時に気を付けることは何かを考え、作業全体を把握するようにします。工程の数が多くなると把握しにくくなるので、折る、塗る、ひも結びなどの基本的な工程は、意識しなくてもできるようにしておいた方がよいでしょう。ひも結び（チョウ結び、固結びなど）は、当校に限らず、小学校入試では出題頻度が高くなっています。紙を折り曲げないようにひもを結ぶ力加減を身に付けて、きれいに仕上げることを心がけてください。

【おすすめ問題集】
　実践 ゆびさきトレーニング①・②・③

問題23　分野：記憶（お話の記憶）

聞く　集中

〈準 備〉　鉛筆

〈問 題〉　お話を聞いて、後の質問に答えてください。

今日はキツネくんの誕生日です。キツネくんのお友だちは、お祝いのくだものを持ってキツネくんのお家に集まりました。最初にやってきたのはタヌキくんです。タヌキくんは、「キツネくん、お誕生日おめでとう」と言って、ミカンを渡しました。キツネくんはタヌキくんに、「ありがとう、タヌキくん」とお礼を言いました。次にやってきたのはウサギさんです。ウサギさんは、「お母さんが、キツネくんに渡してほしいって、バナナを買ってきてくれたんだ」と言って、キツネくんにバナナを渡しました。キツネくんは、「ありがとう、ウサギさん」と言って、バナナを受け取りました。その後、ネコさんとサルくんがやってきました。ネコさんはブドウを、サルくんはリンゴを持ってきました。キツネくんは２人にお礼を言って、誕生日パーティーを始めました。

（問題23の絵を渡す）
ネコさんが持ってきたくだものに○をつけてください。

〈時 間〉　10秒

〈解 答〉　右から２番目（ブドウ）

［2018年度出題］

学習のポイント

当校では例年、お話の記憶分野の問題が出題されます。本年度は例年に比べて短いお話でしたが、キツネさんのお友だちがくだものを持ってくる場面が繰り返されるので、１つずつ確認をしながらお話を聞かないと混乱してしまうかもしれません。誰が何を持ってきたのか、どの順番でやってきたのかを聞き逃さないようにしましょう。その際、それぞれの動物が登場する場面を思い浮かべながら聞くと、記憶にとどめやすくなり、区別もしやすくなります。お話を記憶する能力は、方法やコツをアドバイスをしたからといってすぐに身に付くものではなく、繰り返し練習して身に付けるものです。毎日少しずつでもよいので読み聞かせを行い、聞く力を育んでください。読み聞かせをする時は漠然とお話を聞くのではなく、お話の流れや登場人物、出来事などを覚えられるようになることを目標にして進めてください。例えば、お話を読む前に「後で出てきた人について質問をするよ」などと、具体的なポイントを伝えておくと、お子さまは覚えるための意識を向けやすくなります。

【おすすめ問題集】
1話5分の読み聞かせお話集①・②、お話の記憶問題集 初級編・中級編、
Ｊｒ・ウォッチャー19「お話の記憶」

問題24　分野：記憶（見る記憶）

観察　集中

〈準 備〉　鉛筆

〈問 題〉　（問題24－１の絵を見せる）
この絵をよく見て覚えてください。
（15秒後、問題24－１の絵を伏せて、問題24－２の絵を渡す）
今見た絵と同じものに○をつけてください。

〈時 間〉　30秒

〈解 答〉　右下

［2018年度出題］

学習のポイント

毎年出題されている、絵の記憶の問題です。与えられた絵の特徴を短時間で覚えて、後の質問に答えます。絵に描かれている内容を把握する力と、絵の特徴を見分ける観察力が求められています。観察する時には、最初に全体を俯瞰して、次に細部に目を向けます。すると、ポイントを押さえて見ることができます。本問であれば、最初にくだものの種類を確認し、それから位置、向き、個数を覚える、ということになります。過去には、本問のような「最初に見た絵と同じ絵を探す」という出題方法以外にも、「最初の絵と違う部分を見つける」「最初の絵に足りないものを選択肢から探す」という出題もありました。いずれも、全体を見渡した上で、細部の特徴に気付く観察力が必要です。こうした力は短期間で身に付くものではありません。何回も繰り返すことで覚えるコツがつかめてきます。はじめは簡単な絵を使って練習し、少しずつ数を増やしたり、複雑な形に取り組んだりしていきましょう。

【おすすめ問題集】
　Ｊｒ・ウォッチャー20「見る記憶・聴く記憶」

問題25　数量（選んで数える）

考え　観察

〈準 備〉　鉛筆

〈問 題〉　①（問題25－１の絵を渡す）
上の四角に花と花瓶があります。この花を花瓶に１本ずつ生けると花は何本余りますか。その数だけ下の四角のおはじきに○をつけてください。
②（問題25－２の絵を渡す）
上の四角の絵の中で１番多い虫は何匹ですか。その数だけ下の四角のおはじきに○をつけてください。

〈時 間〉　①30秒　②45秒

〈解 答〉　①○：２　②○：６

［2018年度出題］

学習のポイント

①は花が花瓶よりいくつ多いか答える問題です。花と花瓶の数をそれぞれ数えて比べれば答えがわかります。ハウツーとして、花と花瓶を○で囲み、余ったものを数えるという方法もありますが、絵がランダムに並んでいて上手く囲めないこともあるので、最初に数えたものの数を覚えながら次のものを数え、ひき算をして答えを出す、オーソドックスな方法で答えを出すように指導してください。②はそれぞれのものを数える問題です。ランダムに散らばったものを数える時に、左から右へと数えていく方向を決めておくと、見逃しや重複が少なくなります。数量分野の問題では、ある程度の数の多少が一目で理解できると、素早く、かつ正確に答えられるようになります。本問であれば、クワガタがほかのものより少ないことが一目でわかります。そうすると、数える対象を１つ減らすことができるというわけです。

【おすすめ問題集】

Ｊｒ・ウォッチャー14「数える」、37「選んで数える」

問題26　分野：常識（いろいろな仲間）

観察　知識

〈準備〉　鉛筆

〈問題〉　上と下で関係があるものを、線で結んでください。

〈時間〉　30秒

〈解答〉　下図参照

[2018年度出題]

学習のポイント

仲間探しの問題では、知識の豊富さ、その知識を出題されたものに関連付けて考える能力が問われています。動物なら成長する前と後の姿、植物なら花の形、野菜なら旬の季節など、特徴やポイントを具体的な言葉にして整理しながら知識を得ていきましょう。また、同じ特徴を持つものを関連付けながら教えると、より効率よく覚えることができます。本問の問題文には、「関係があるもの」という指示しかありませんが、道具の組み合わせ、生物の成長、同じ季節など、さまざまな関係を推測して、あてはまるかどうか判断しなければなりません。ほかにも「同じ特徴を持った動物」「同じ季節に行われる行事」「同じ季節に咲く花・収穫される作物」などが、小学校入試では多く扱われています。

【おすすめ問題集】

Ｊｒ・ウォッチャー11「いろいろな仲間」、27「理科」、55「理科②」

問題27　分野：常識（季節）

知識　集中

〈準　備〉　鉛筆

〈問　題〉　秋の季節に関係するものに○をつけてください。

〈時　間〉　１分

〈解　答〉　下図参照

［2018年度出題］

学習のポイント

季節に関する常識分野の問題は、当校の頻出分野の１つです。季節の知識を問う問題のほとんどは、動植物に関するものと、行事に関するものです。知識がないと答えられない問題なので、図鑑や映像を使って覚えることと、体験的に学ぶことの両方を組み合わせて、効率的に覚えましょう。本問では、「秋」の季節に関係するものが問われています。小学校入試でよく扱われるものとして、虫ではコオロギ、植物ではコスモス、ススキ、野菜やくだものでは、カキ、サツマイモ、クリ、行事ではお月見、イモほり、などがあげられます。効率的に覚える基本は、「頻出のものを確実に覚える」ことです。あれこれ覚えようとして収集がつかなくならないように、的を絞って覚えられるように工夫してください。なお、小学校受験では、３～５月を春、６～８月を夏、９～11月を秋、12～２月を冬とうのが一般的です。気候の変化や地域によっては、生活環境が違うので「あてはまらない」とお考えになる保護者の方もいらっしゃるかもしれませんが、小学校受験に合わせた知識として覚えるようにしましょう。

【おすすめ問題集】
　Ｊｒ・ウォッチャー34「季節」

問題28　推理（系列）、図形（同図形探し）

観察　集中

〈準 備〉　鉛筆

〈問 題〉　上の四角のお約束と違う絵が並んでいるところを、下の四角から探して○をつけてください。

〈時 間〉　１分

〈解 答〉　下図参照

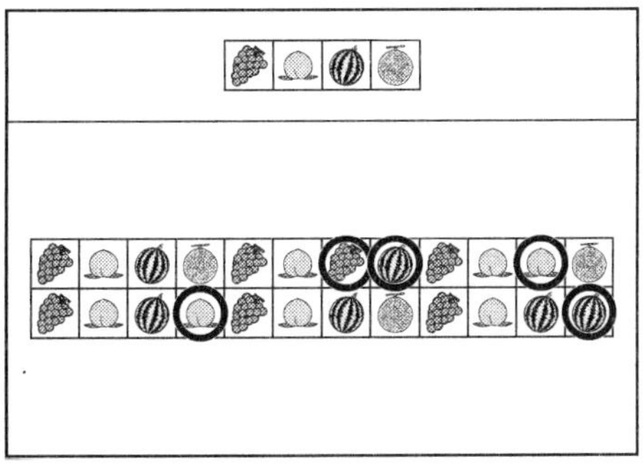

[2018年度出題]

学習のポイント

この問題のポイントは、並んでいる絵とお約束を正しく見比べられるかどうかです。下の四角の１行のマス目は12個なので、「ブドウ・モモ・スイカ・メロン」というお手本のパターンが３回繰り返されていることがわかります。したがって、下の解答欄に並んでいるくだものの行を４マスずつお手本と見比べると、パターンと違うマス目がどこなのかがわかります。絵を比べる時は、マスの先頭に指を置いて目印にし、そこから後ろのマスを見比べるといった方法や、お約束の先頭はブドウなので、ブドウを基準にして後ろの３マスが順に「モモ・スイカ・メロン」でない場合は違うという判断をするといった機械的な判断で解く方法（ハウツー）がありますが、それらは先の学習につながるものではありません。多少時間はかかるかもしれませんが、お手本のパターンが繰り返されていることを、１つひとつ確認しながら解くことを心がけてください。

【おすすめ問題集】
Ｊｒ・ウォッチャー４「同図形探し」、６「系列」、31「推理思考」

問題29　分野：図形（四方からの観察）

知識　観察

〈準 備〉　鉛筆

〈問 題〉　左上の四角に、真上から見た帽子が描かれています。この帽子を横から見た絵を探して○をつけてください。

〈時 間〉　30秒

〈解 答〉　下図参照

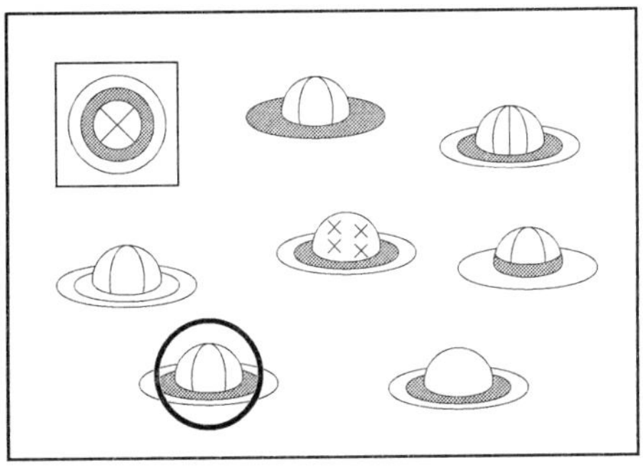

［2018年度出題］

学習のポイント

答えは、帽子の天（クラウン）の部分に２本の線が入っていて、つばの内側が黒く、外側が白い帽子です。お手本だけだとわかりづらいですが、選択肢の帽子の形はすべて同じで、模様や色が違うだけだとわかれば区別しやすくなるでしょう。なお、帽子の天の部分は丸くなっていますが、真横に当たる部分はイラストで描くと影となり見えなくなります。同様に、交差した線は、横から見た場合は２本の曲線になります。こうした球体の見え方を言葉で説明してもお子さまには理解しにくいので、ゴムボールなどにマジックペンで線を書き込み、実際に見え方を確かめさせるとよいでしょう。立体の観察力を身に付けるには、身近なものをさまざまな方向から見てみるなどの「体験」を積むことが最も効率のよい方法です。本問の球体以外にも、積み木などの立方体、ペットボトルなど円錐や三角錐に近い形といったさまざまな立体の見え方（上、横、下）についても「経験」しておいてください。

【おすすめ問題集】

Ｊｒ・ウォッチャー10「四方からの観察」

問題30　分野：巧緻性

聞く　集中

〈準備〉　ひも（30cm程度に切り、あらかじめ両端にセロハンテープを巻いておく）、ストロー（あらかじめ４cm程度に切っておく）

〈問題〉　**この問題は絵を参考にしてください。**

これからひもで雪だるまを作ります。今から見本を見せるので、その通りに作ってください。

（出題者は見本を作りながら、以下の説明をする）

①ひもの両端を、ストローの両端に入れてください。

②ひもの両端を、ストローに入れた口とは反対側の口から出して、上に引っ張ってください。

③ひもを２本まとめて端を玉結びにしてください。

④ひもを丸く整えてください。その時、下のひもは大きくして、雪だるまの形になるようにして、机の上に置いてください。

〈時間〉　５分

〈解答〉　省略

［2018年度出題］

学習のポイント

ひもを小さな穴の中に通して結ぶという課題は、昨年度も出題されました。慣れていないと難しい課題なので、よく練習をしてください。ストローの穴にひもを通す時は、先の工程のことは気にせず、セロハンテープが巻かれた先端を、穴に通すことだけ考えて取り組むとよいでしょう。穴の中に入った後は、力まかせに押すのではなく、ひもを送り込むようにすると中に入っていきます。反対側の口からひもが出たら、最初に長く引っ張っておき、何かの拍子でストローから抜けないようにしておきましょう。力加減が難しいので、何度も練習しておくとよいでしょう。ひもの結び方も練習しておきたい課題です。玉結び、固結びのほかにチョウ結びなども身に付けておくとよいでしょう。結び方の見本を見せる時は、お子さまの前で見せると上下が反転してしまうのでわかりづらくなってしまいます。お子さまの後ろに回り、お子さまの前に手を伸ばして結ぶ様子を見せるようにしてください。これらの動きが身に付いたかどうかを確かめる意味も含めて、日常生活の中でひもを結ぶ機会を作ってください。特に靴ひも結びは穴にひもを通すことと、ひもを結ぶことの２つを同時に行えますから、これがスムーズにできることを目標にするとよいでしょう。

【おすすめ問題集】

Ｊｒ・ウォッチャー25「生活巧緻性」、実践 ゆびさきトレーニング①・②・③

問題31 分野：記憶（お話の記憶）

聞く 集中

〈準備〉 鉛筆

〈問題〉 お話をよく聞いて、後の質問に答えてください。

夏休みのある日に、イヌくん、キツネくん、タヌキくん、ネコくんは公園で遊ぶことにしました。公園には最初にキツネくんがやってきました。次に、ネコくんとイヌくんがやってきて、最後に麦わら帽子をかぶったタヌキくんがやってきました。「あれ、タヌキくん。その麦わら帽子、すごくおしゃれだね」とネコくんが言うと、タヌキくんはにっこり笑って、「そうなんだ。この前、お父さんといっしょに原っぱで虫採りをする時に、買ってもらったんだよ」と、答えました。するとネコくんは、「いいなあ！　ぼくは川に釣りに行ったんだけど、帽子は買ってもらえなかったよ」と話すと、イヌくんは、「タヌキくんもネコくんも遊びに行ったんだ。ぼくもだよ。お父さんとお母さんといっしょに海に泳ぎに行ったんだ」と言いました。その後、「キツネくんはどこかに行かなかったの？」とタヌキくんが聞きました。ネコくんも、タヌキくんも、イヌくんも、肌が真っ黒だったのに、キツネくんだけは日焼けしていなかったからです。するとキツネくんは、「おじいさんの家に遊びに行って、山でキノコを採ってきたよ。山は木がいっぱいあって、涼しかったんだ」と言いました。みんなは、「なーんだ！」と納得して大笑いしました。その後は、キツネくんが持ってきたサッカーボールを使って、みんなでサッカーをして遊びました。

（問題31の絵を渡す）
①海に行ったのは誰ですか。上の四角から選んで○をつけてください。
②山に行ったのは誰ですか。下の四角から選んで○をつけてください。

〈時間〉 各15秒

〈解答〉 ①左端（イヌ）　②右から２番目（キツネ）

［2017年度出題］

学習のポイント

お話の記憶は、当校では毎年出題されています。今回は、動物たちが夏休みに遊びに行った場所を、それぞれ順番に話すというお話なので、誰が何をしたのか聞き取り、それを記憶しなければなりません。お話の内容を覚えるには、それぞれの動物が行った場所と遊んだ内容について、頭の中で情景を思い浮かべるようにするとよいでしょう。お子さまが、情景を思い浮かべることがうまくできていない場合は、絵本や簡単なお話などを読み聞かせてください。そして、場面が切り替わったり、お話が終わった後に、場面、人物、出来事について質問すると、お子さまは今聞いたお話を頭の中で思い出して答えようとします。それを繰り返すことで、情景を思い浮かべる力が自然と身に付いてきます。

【おすすめ問題集】

1話5分の読み聞かせお話集①・②、お話の記憶問題集 初級編・中級編、
Ｊｒ・ウォッチャー19「お話の記憶」

問題32　分野：記憶（見る記憶）

観察　集中

〈準備〉　鉛筆

〈問題〉　（問題32-１の絵を見せる）
この絵をよく見てください。
（15秒後、問題32-１の絵を伏せ、問題32-２の絵を渡す）
この絵には、最初に見せた絵と違うところが４つあります。見つけて○をつけてください。

〈時間〉　30秒

〈解答〉　下図参照

［2017年度出題］

学習のポイント

絵を記憶する時は、最初から細部を観察するのではなく、どのような場面であるのか、何が描かれているのかを把握してから、その後、細かい部分を観察していくのがコツです。例えば、この問題ではお月見の場面が描かれていますから、お月見に関連したものが出てくることを予想をしながら絵を見ると、細部の観察もしやすくなります。お子さまが絵やものの観察を苦手としている場合は、簡単な絵を模写することから練習を始めてください。その際、お子さまの好きなものや興味のあるものを書き写すようにすると、お子さまは熱心に観察するので、練習もはかどるでしょう。慣れてきたら、目の配り方や関連付けなどを具体的に言葉で伝えてから実際の問題に取り組み、実践的な見方ができるように練習していきましょう。

【おすすめ問題集】

Ｊｒ・ウォッチャー20「見る記憶・聴く記憶」

問題33　数量（計数）

考え　観察

〈準 備〉　鉛筆

〈問 題〉　上の絵を見てください。絵の中のスズメがカキを１個ずつ食べると、カキは何個余るでしょうか。その数だけ、下の四角に○を書いてください。

〈時 間〉　20秒

〈解 答〉　○：３

［2017年度出題］

学習のポイント

数の概念を理解しているということは、「ひとつ、ふたつ、みっつ……」と数字を順番に数えられるというだけではありません。ものを数に置き換えることができてはじめて、数の概念が理解できたと言えます。お子さまが理解できていないうちは、おはじきやブロックなどの具体物を使って問題を考えていくとよいでしょう。例えばこの問題なら、カキの数だけおはじきを用意し、それを１つずつスズメの絵の上に置いていくことで、カキが何個余るかを目で理解できるようになります。なお、この問題は解答時間が短いので、数を素早く判断できるとよいでしょう。小学校受験で扱われる数は10程度ですが、５ぐらいまでのものは、見ただけでいくつあるかがわかるようになっていると、余裕を持って問題を解けるようになります。

【おすすめ問題集】

Ｊｒ・ウォッチャー14「数える」、37「選んで数える」

問題34　分野：数量（積み木）

観察　集中

〈準 備〉　鉛筆

〈問 題〉　積み木はいくつありますか。その数だけ、下の四角に○を書いてください。

〈時 間〉　20秒

〈解 答〉　○：9

［2017年度出題］

学習のポイント

積まれた積み木を数える問題は小学校受験では頻出なので、早いうちから慣れておきましょう。立体や図形の組み合わせを扱った問題は、ハウツーを教えるよりも、積み木遊びやパズルなどを通して、図形の扱い方を経験とともに理解していく方法が有効です。ふだんの遊びがそのまま練習になるので、お子さまもそれほどストレスを感じずに考え方を身に付けることができるでしょう。積み木を数える問題では、積み木の後ろにほかの積み木が隠れている場合があります。隠れている部分や見えないところには、実際にはどのように積まれているのか考える時にも、具体物が役立ちます。ふだんの遊びの中で使っている積み木を問題通りに重ねて観察してみると、お子さまの理解も早くなるでしょう。

【おすすめ問題集】
Ｊｒ・ウォッチャー10「四方からの観察」、16「積み木」、
53「四方からの観察　積み木編」

問題35　分野：図形（重ね図形）

観察　集中

〈準 備〉　鉛筆

〈問 題〉　（問題35-１の絵を見せる）
これは、いくつかの図形を重ねた絵です。
（問題35-２の絵を渡す）
この絵は、今見た図形を下から順に並べたものです。正しい順番に並んでいる絵を選んで、左上にある四角に○を書いてください。

〈時 間〉　20秒

〈解 答〉　下から２番目

［2017年度出題］

学習のポイント

重ね図形の問題では、いくつかの図形を重ねた時に、どのように見えるのかを理解することが大切です。図形を上に重ねていくと、下にある図形は上にある図形によって、その一部分が隠されて見えなくなります。そのことを理解できると、図形の上下の関係をつかむことができます。初めのうちは２～３枚の図形を重ねて、１番上にある（または１番下にある）形を答えるところから練習しましょう。うまく理解できない場合は、問題と同じ形に切った折り紙を、同じ順番で重ねながら解説すると、わかりやすくなります。

【おすすめ問題集】

Ｊｒ・ウォッチャー35「重ね図形」

問題36　言語（しりとり）

語彙　知識

〈準 備〉　鉛筆

〈問 題〉　上の絵をしりとりでつなげる時、四角の絵のどちらを選べばよいでしょうか。選んで○をつけてください。できたら、下も同じようにやってください。

〈時 間〉　30秒

〈解 答〉　下図参照

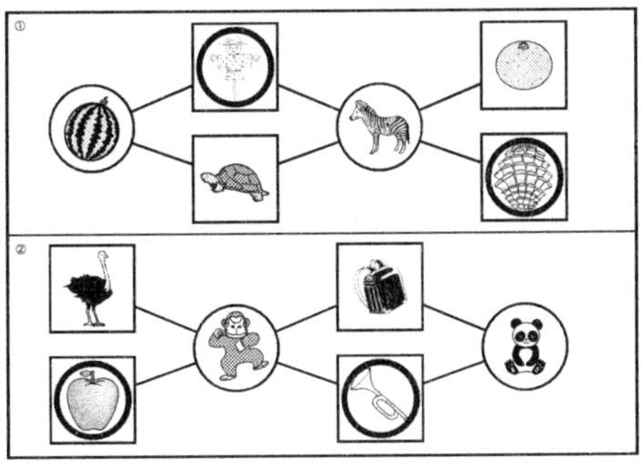

［2017年度出題］

学習のポイント

言語に関する問題では、絵に描かれているものの名前を知っているかどうかがポイントです。日常生活の中で覚えていくものに関しては、お子さまが興味を持てるように、説明をしてあげるとよいでしょう。一方、問題集で出てきたイラストなど、いわゆる「試験に必要なものの名前」については、一度口頭で説明をしてから、図鑑や映像を通して実際に見れば、お子さまの記憶にも残りやすいでしょう。ものの名前を覚えても、必要な時に思い出せなければ意味がありません。しりとりなどの言葉遊びは、覚えたことを口に出すよい機会です。できれば声に出す時に、そのものをイメージしたり、使うシチュエーションを思い浮かべてみるようにしてください。生活に必要な言葉が身に付きやすくなります。

【おすすめ問題集】

Ｊｒ・ウォッチャー17「言葉の音遊び」、18「いろいろな言葉」、
49「しりとり」、60「言葉の音（おん）」

問題37　分野：常識（昔話）　知識

〈準備〉　鉛筆

〈問題〉　上には、昔話の絵が描いてあります。それぞれに関係のあるものを下から選んで、線で結んでください。

〈時間〉　30秒

〈解答〉　下図参照

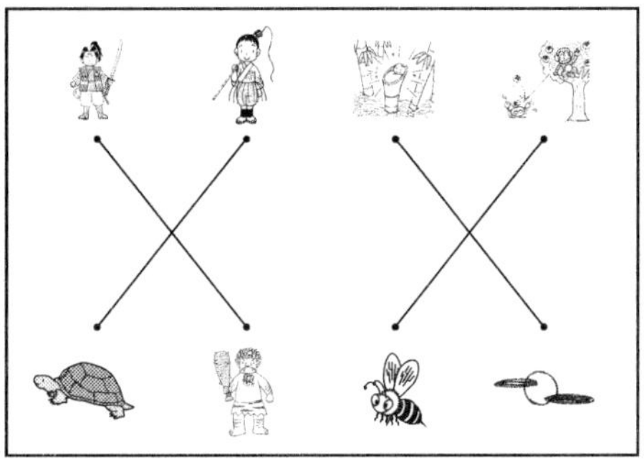

［2017年度出題］

学習のポイント

当校ではくだものや季節、昔話といったものを題材にして、さまざまなものを仲間分けしたり、仲間外れのものを探すという問題が毎年出題されています。何かを説明する時に、「○○の仲間だよ」「△△のお話に出てきたものだよ」というように一言添えてあげると、お子さまは関連付けて覚えることができます。もちろん、お子さまは一度に多くの情報は覚えきれないので、何回かに分けて少しずつ教えるようにした方がよいでしょう。この問題に出てくる昔話は有名なものばかりなので、お子さまは聞いたことがあると思います。それらの内容を細部まで覚えているかどうかを確かめるには、お子さま自身にその昔話のあらすじを説明させてください。お子さまの記憶しやすいところと、そうでないところが指導する側にもわかるようになります。

【おすすめ問題集】

1話5分の読み聞かせお話集①・②

問題38　分野：巧緻性

聞く　集中

〈準備〉　ひも（50cm程度）、穴のあいたビーズ（２個。穴はひもが通せる程度の大きさ）

〈問題〉　**この問題は絵を参考にしてください。**
これから「サクランボ」を作りましょう。お手本を見せるので、いっしょに作りましょう。
①ひもを半分に折って、なわとび結びにしてください。
②ひもの両端にそれぞれビーズを１個ずつ通してください。
③ひもの両端を玉結びにして、ビーズが落ちないようにしてください。
④最後に、机の上にサクランボの形になるように置いてください。

〈時間〉　適宜

〈解答〉　省略

［2017年度出題］

学習のポイント

実際の試験では、お手本を見ながら作成したようです。材料は少なく、作業工程もそれほど多くないシンプルな制作課題ですが、ひもを結ぶという動作は、慣れていないお子さまにとっては難しいものです。ふだんの生活の中に結ぶ動作を取り入れて練習を重ねてください。新聞紙を束ねる、靴ひもを結ぶなどの方法があります。その際、同じ結び方だけを練習するのではなく、本問のようになわとび結びや玉結び、チョウ結びなどにも挑戦してみると、結び方のバリエーションが広がります。

【おすすめ問題集】
　Ｊｒ・ウォッチャー25「生活巧緻性」、実践 ゆびさきトレーニング①・②・③

問題39　分野：記憶（お話の記憶）

聞く　集中

〈準　備〉　鉛筆

〈問　題〉　お話をよく聞いて、後の質問に答えてください。

ウサギくんとキツネくんとシロクマさんとタヌキさんは、みんなで遊園地に遊びに行くことになりました。タヌキさんが「私、メリーゴーランドに乗りたい」と言ったので最初はメリーゴーランドに乗りました。くるくる回ってみんなで楽しく乗りました。ウサギくんが「今度はジェットコースターに乗りたいな」と言ったので次はジェットコースターに乗ろうとしました。でも、ジェットコースターの列に並んでいたら、シロクマさんが、急に泣き出してしまいました。「私はジェットコースターは怖いからやっぱり乗りたくないよ」シロクマさんはしくしく泣いています。「どうしよう」とウサギくんが悩んでいると、「ねえ、向こうにおもしろそうなものがあるよ！」とキツネくんがにっこり笑って指をさしました。見ると、バスや電車などいろんな乗りものがありました。そこは、好きな乗りものを運転できる乗りもの広場でした。「これならみんなで楽しく遊べるね」とウサギくんが言うと、「うん、ありがとう、キツネくん、ウサギくん」とシロクマさんはうれしそうに言いました。シロクマさんは新幹線を、キツネくんはバスを、タヌキさんはトラックを選びました。「うーん、ぼくは何にしようかなぁ」ウサギくんは何に乗るか迷ってしまいましたが、電車に決めました。ウサギくんの大好きな青色の電車があったからです。みんなそれぞれ好きな乗りものの運転手さんになって、乗りもの広場を楽しく走りました。

（問題39の絵を渡す）
バスを運転した動物を選んで○をつけてください。

〈時　間〉　15秒

〈解　答〉　右から２番目（キツネ）

［2016年度出題］

学習のポイント

短いお話ですが多くの動物が登場します。どの動物が登場したのか記憶するのはもちろんですが、この問題では誰が何をしたかも覚えなければいけません。また、それぞれの動物がどの乗りものを選んだのか、組み合わせをしっかり覚えておくことが重要になります。多くの登場人物やものが出てくるお話では、場面の情景を思い浮かべながらお話を聞くと印象に残りやすくなります。まずは、お子さまが興味を持つお話で、お話を聞くことの楽しさ、集中力を養い、どういう情景を思い浮かべたか、何が出てきたかなどを確認しながら進めていくとよいでしょう。慣れてきたら、短いお話から長いお話へと練習を重ねていきましょう。また、お話の続きを予想させたり、内容を絵に描かせたりするのも、想像力を育む効果的な学習になります。

【おすすめ問題集】
１話５分の読み聞かせお話集①・②、お話の記憶問題集　初級編・中級編、
Ｊｒ・ウォッチャー19「お話の記憶」

問題40　分野：記憶（見る記憶）

観察　集中

〈準　備〉　鉛筆

〈問　題〉　（問題40－１の絵を見せる）
この絵をよく見て、覚えてください。
（10秒後に絵を伏せて、問題40－２の絵を渡す）
最初に見た絵と同じ絵を探して○をつけてください。

〈時　間〉　30秒

〈解　答〉　右上

［2016年度出題］

学習のポイント

当校で例年出題されている、見る記憶の問題です。この分野では、本問のように同じ絵を探す問題以外にも、見本と違う部分を探す問題などがあります。絵を覚えるポイントは、観察する要素を絞って見ることです。短時間で多くの情報を覚えようと、漫然と絵を見るのではなく、いくつかの観点に絞って観察するということです。数、図形の位置、形、色、描かれている人物の状況など、ポイントはいくつもありますから、どこに注目するとよいか、判断する力も必要です。こうした観察力や判断力を養うには、何かをスケッチ（対象を見て描く）してみるとよいでしょう。描いていくうちに、違いを見つける力、集中して観察する力が備わってきます。また、よく行く公園の木の数や遊具の色、近所の家の屋根の色や窓の形など、日常で何気なく見ている景色を、お子さまに聞いてみてください。お子さまは無意識に目にする身近なものを、意識して観察するようになります。

【おすすめ問題集】
Ｊｒ・ウォッチャー20「見る記憶・聴く記憶」

東京学芸大学附属小金井小学校　専用注文書

年　　月　　日

合格のための問題集ベスト・セレクション

＊入試頻出分野ベスト３

1st　図　形
観察力　思考力

2nd　常　識
知　識　公　衆

3rd　記　憶
集中力　聞く力　観察力

当校の問題は、記憶、数量、図形、常識などの分野からバランスよく出題されることが特徴です。シンプルな問題が多いので、基本的な問題を幅広く学習した上で、正確に答える力をつけてください。

分野	書　名	価格(税抜)	注文	分野	書　名	価格(税抜)	注文
図形	Ｊｒ・ウォッチャー２「座標」	1,500円	冊	数量	Ｊｒ・ウォッチャー37「選んで数える」	1,500円	冊
図形	Ｊｒ・ウォッチャー４「同図形探し」	1,500円	冊	数量	Ｊｒ・ウォッチャー38「たし算・ひき算１」	1,500円	冊
図形	Ｊｒ・ウォッチャー５「回転・展開」	1,500円	冊	数量	Ｊｒ・ウォッチャー39「たし算・ひき算２」	1,500円	冊
図形	Ｊｒ・ウォッチャー10「四方からの観察」	1,500円	冊	数量	Ｊｒ・ウォッチャー42「一対多の対応」	1,500円	冊
数量	Ｊｒ・ウォッチャー14「数える」	1,500円	冊	図形	Ｊｒ・ウォッチャー48「鏡図形」	1,500円	冊
数量	Ｊｒ・ウォッチャー16「積み木」	1,500円	冊	図形	Ｊｒ・ウォッチャー53「四方からの観察 積み木編」	1,500円	冊
言語	Ｊｒ・ウォッチャー17「言葉の音遊び」	1,500円	冊	図形	Ｊｒ・ウォッチャー54「図形の構成」	1,500円	冊
言語	Ｊｒ・ウォッチャー18「いろいろな言葉」	1,500円	冊	常識	Ｊｒ・ウォッチャー55「理科②」	1,500円	冊
記憶	Ｊｒ・ウォッチャー19「お話の記憶」	1,500円	冊	常識	Ｊｒ・ウォッチャー56「マナーとルール」	1,500円	冊
記憶	Ｊｒ・ウォッチャー20「見る記憶・聴く記憶」	1,500円	冊	言語	Ｊｒ・ウォッチャー60「言葉の音（おん）」	1,500円	冊
常識	Ｊｒ・ウォッチャー27「理科」	1,500円	冊		1話5分の読み聞かせお話集①・②	1,800円	各　冊
運動	Ｊｒ・ウォッチャー28「運動」	1,500円	冊		実践 ゆびさきトレーニング①・②・③	2,500円	各　冊
観察	Ｊｒ・ウォッチャー29「行動観察」	1,500円	冊		新口頭試問・個別テスト問題集	2,500円	冊
常識	Ｊｒ・ウォッチャー34「季節」	1,500円	冊		新ノンペーパーテスト問題集	2,600円	冊

合計	冊	円

（フリガナ） 氏　名	電　話 ＦＡＸ E-mail
住　所　〒　　　－	以前にご注文されたことはございますか。 有　・　無

★お近くの書店、または記載の電話・FAX・ホームページにてご注文をお受けしております。
　電話：03-5261-8951　FAX：03-5261-8953　代金は書籍合計金額＋送料がかかります。
　※なお、落丁・乱丁以外の理由による商品の返品・交換には応じかねます。
★ご記入頂いた個人に関する情報は、当社にて厳重に管理致します。なお、ご購入の商品発送の他に、当社発行の書籍案内、書籍に関する調査に使用させて頂く場合がございますので、予めご了承ください。

日本学習図書株式会社
http://www.nichigaku.jp

問題 1

日本学習図書株式会社

問題２－１

問題2－2

問題 3

日本学習図書株式会社

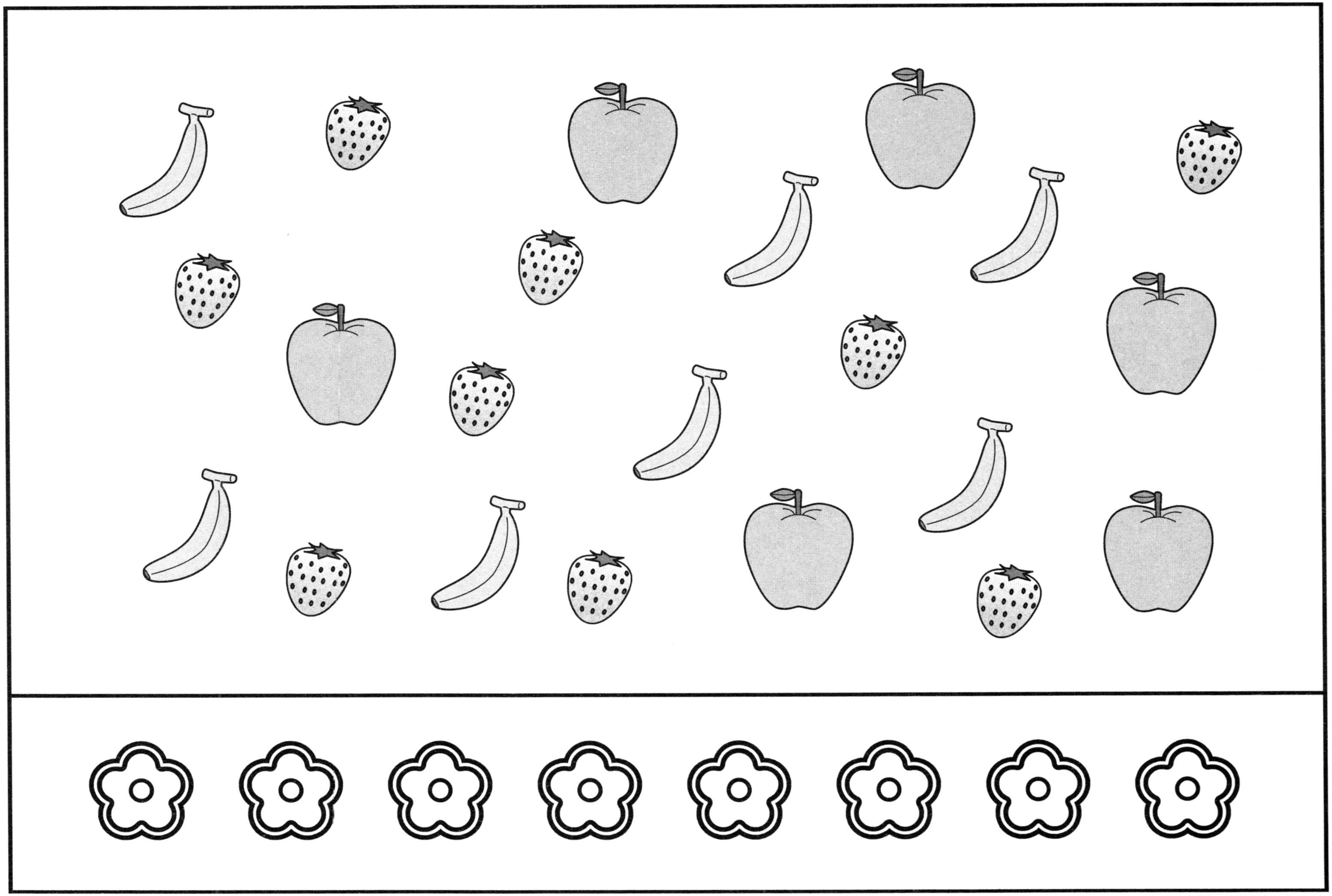

問題4

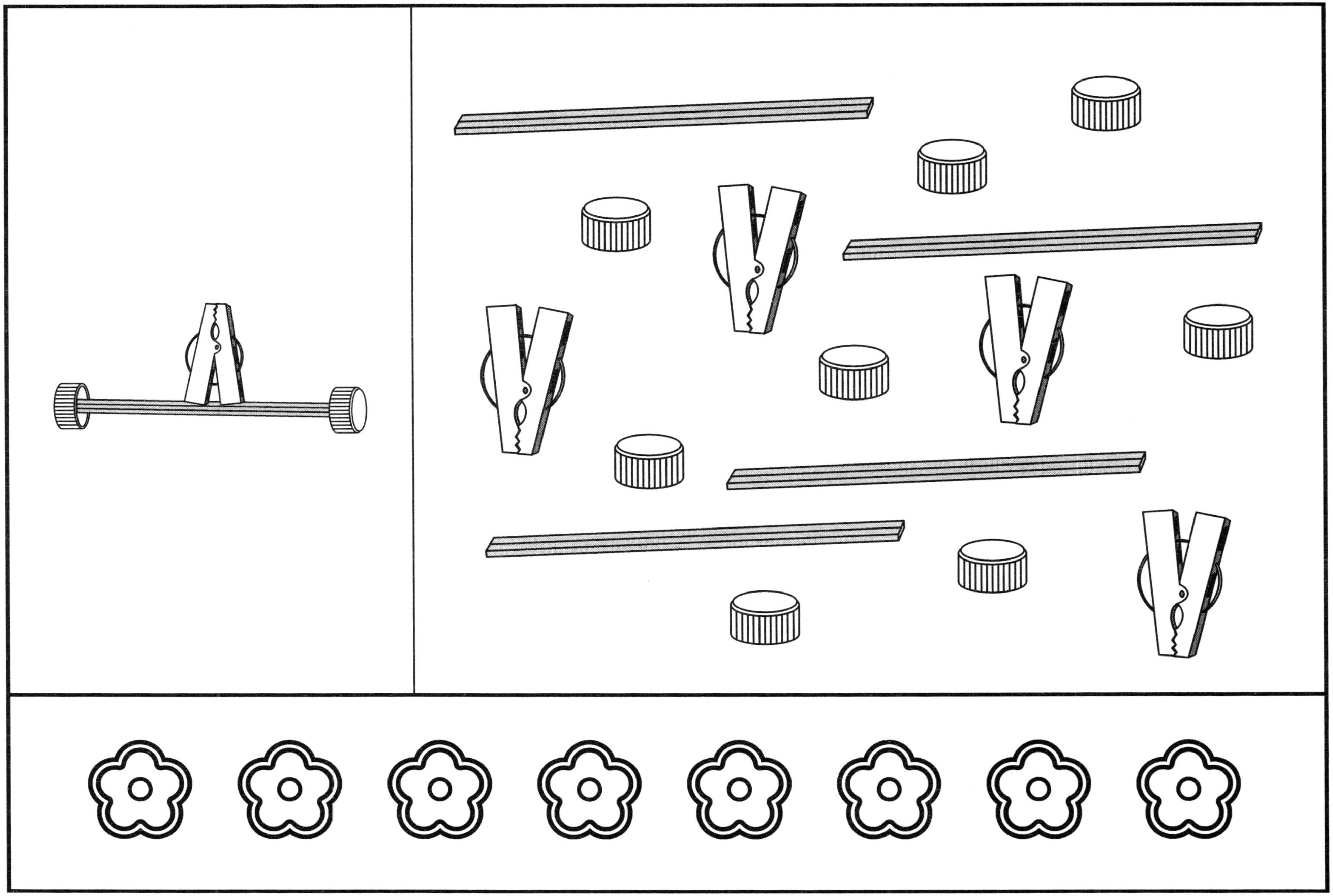

2021年度　附属小金井小学校　過去　無断複製／転載を禁ずる　　日本学習図書株式会社

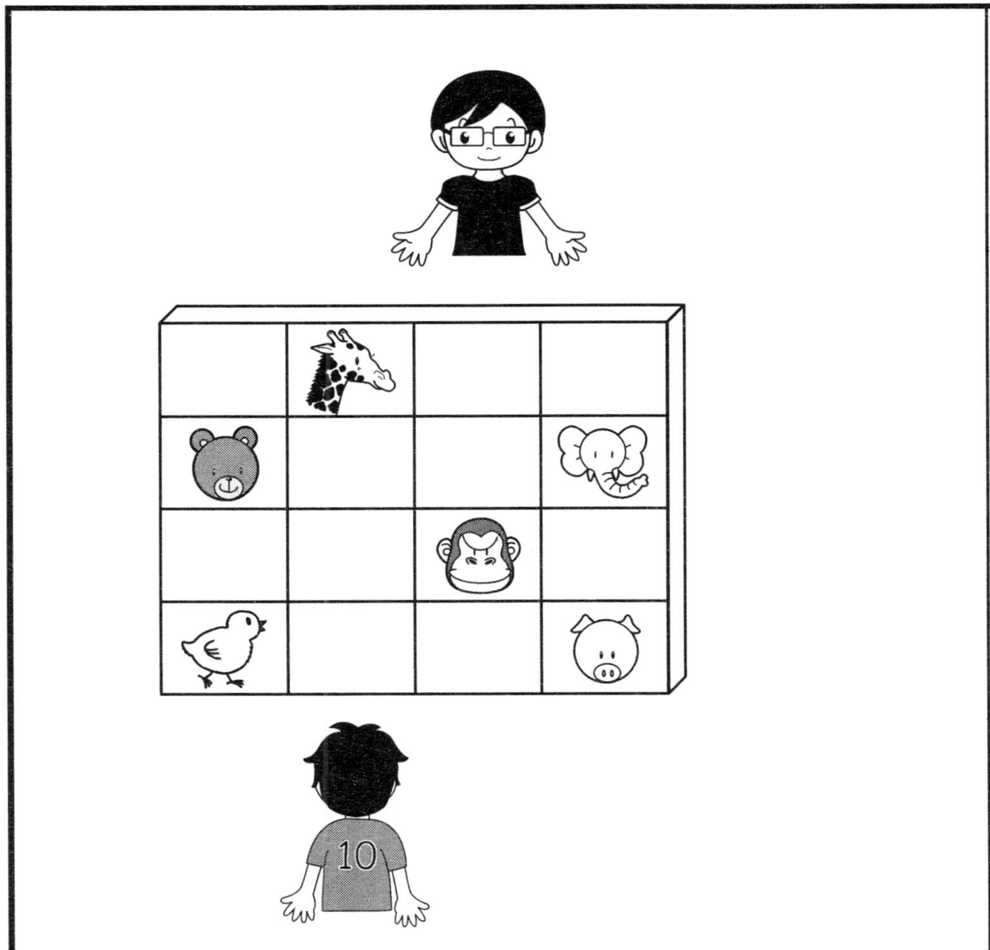

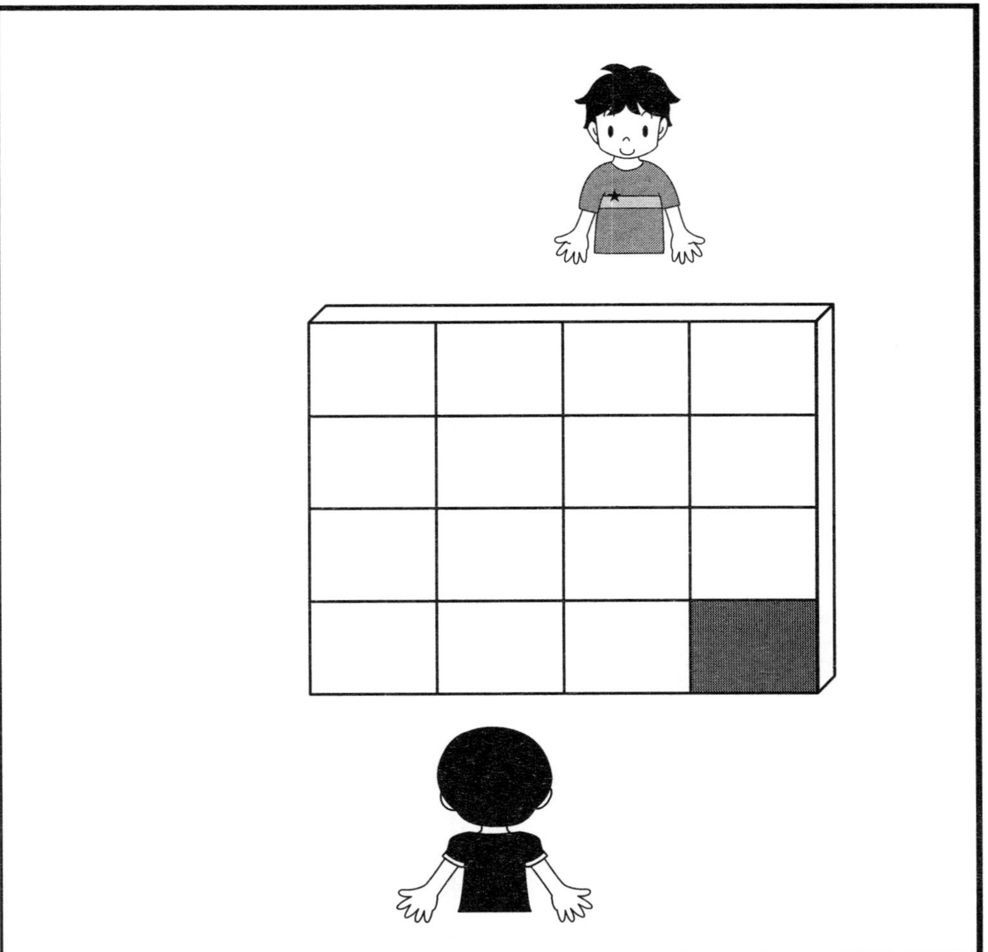

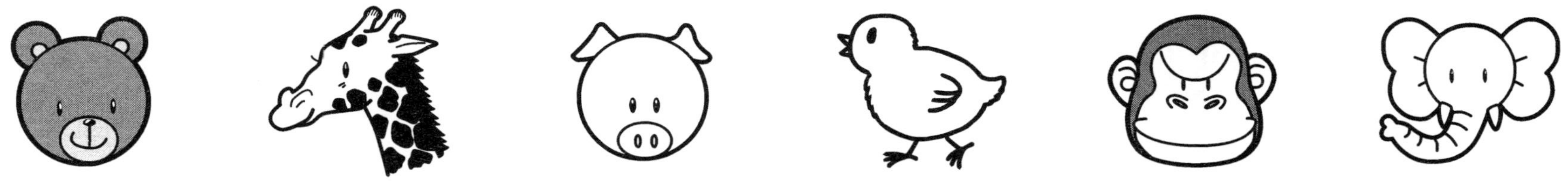

問題6

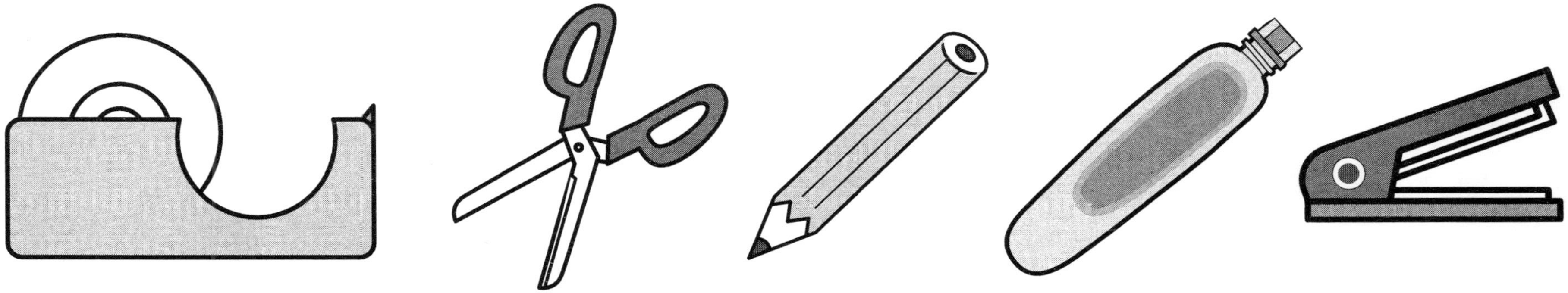

問題 7

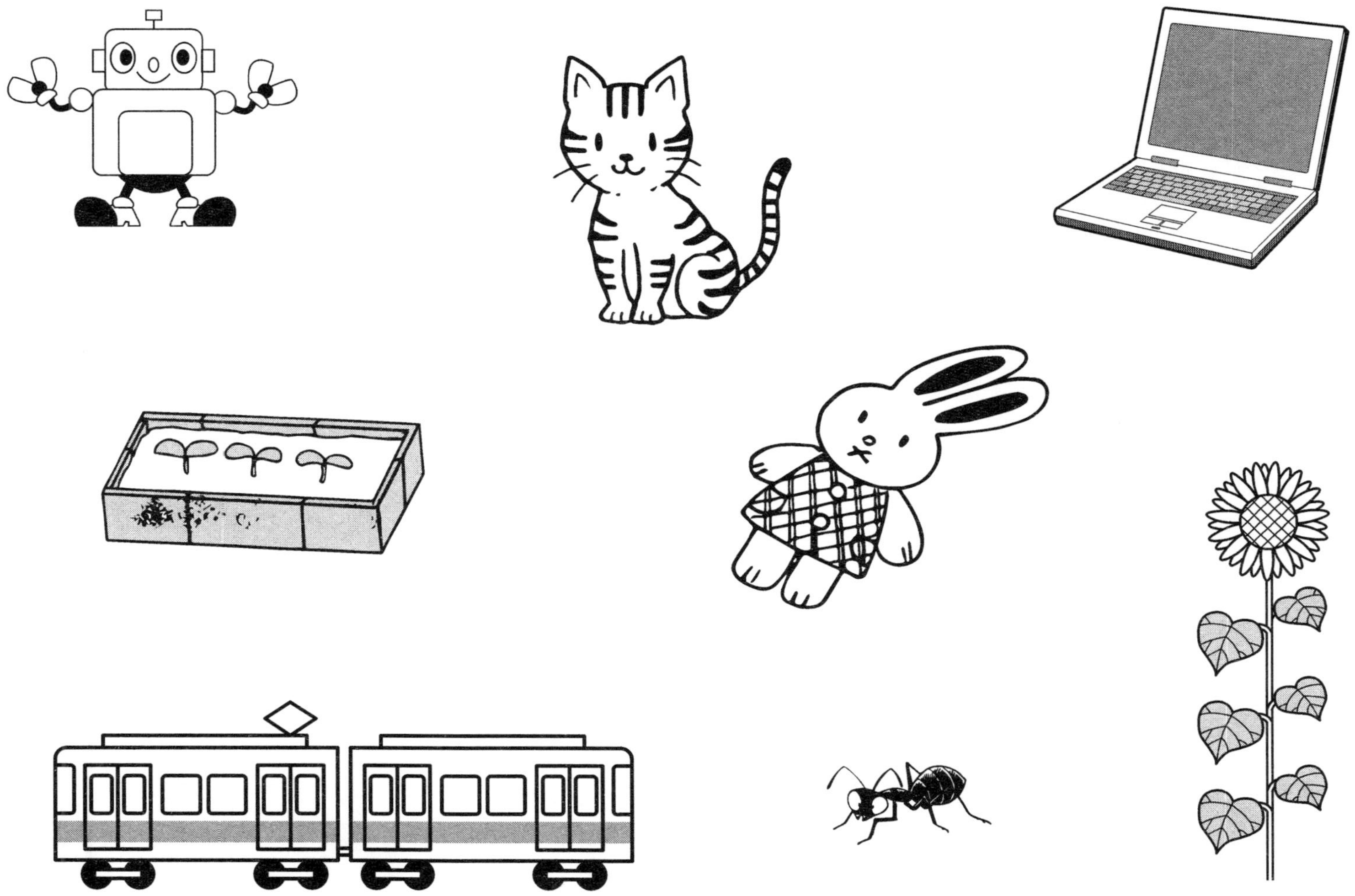

問題8

問題9

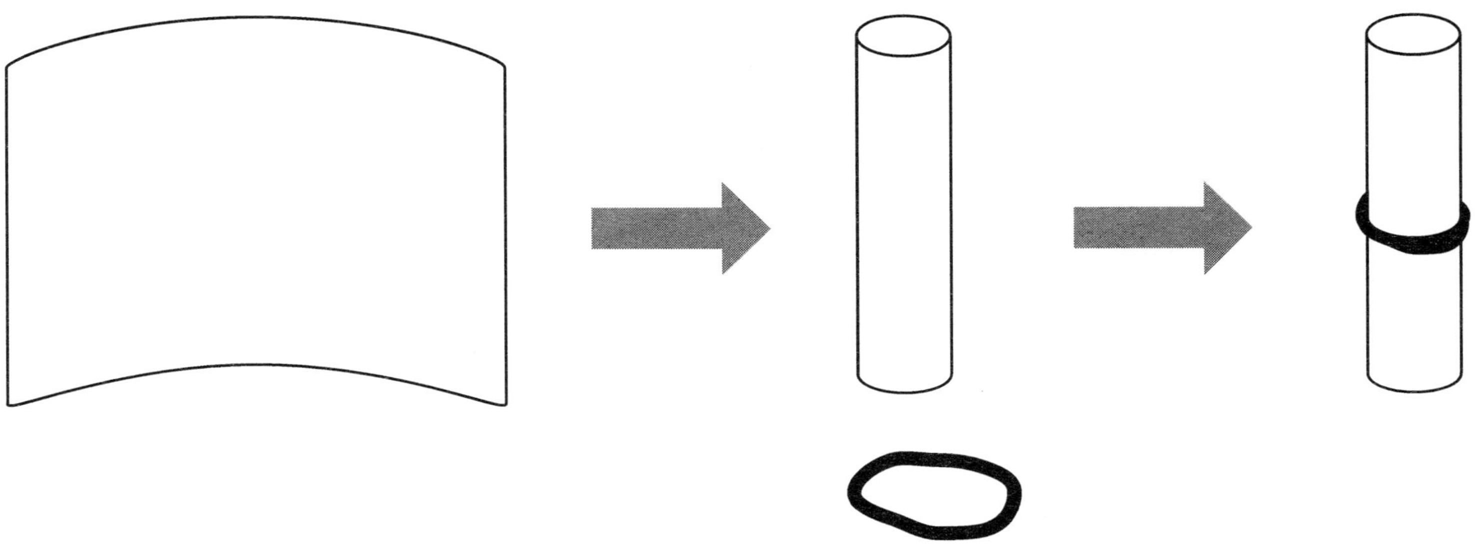

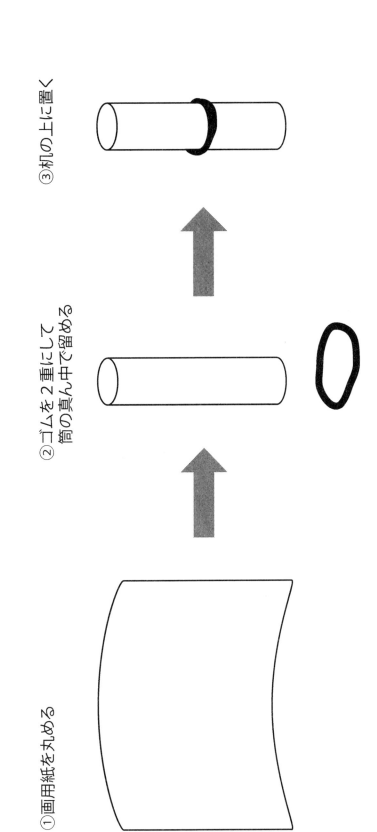

2021年度　附属小金井小学校　過去　無断複製/転載を禁ずる

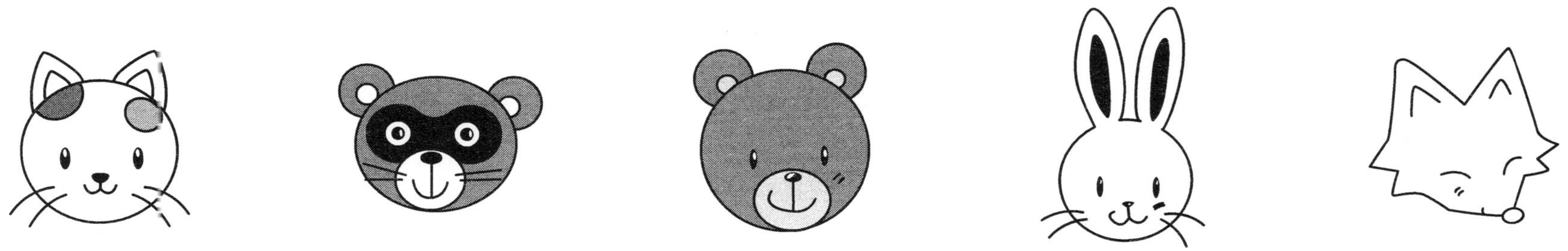

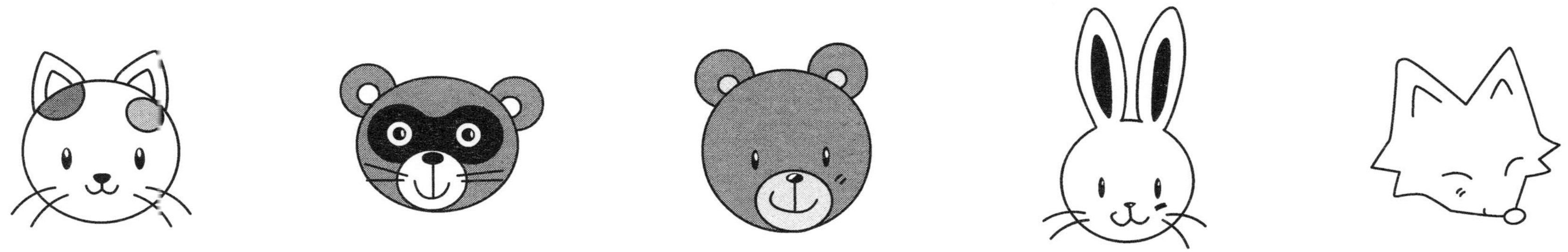

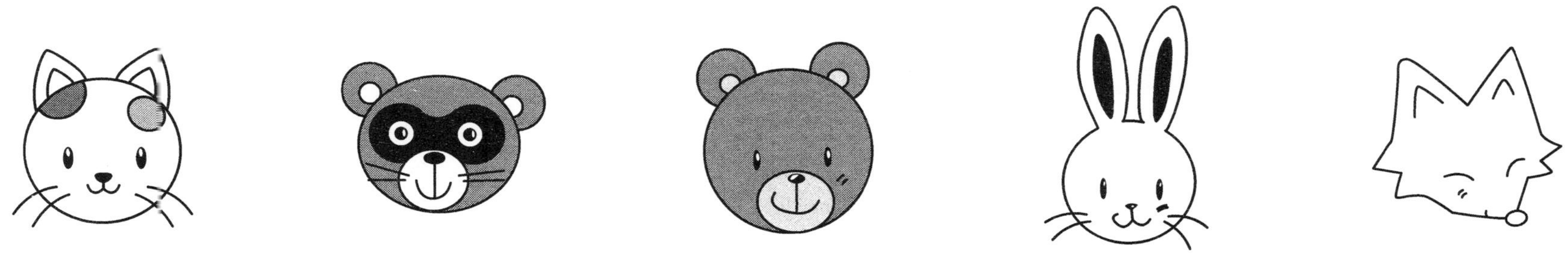

2021年度　附属小金井小学校　過去　無断複製／転載を禁ずる　　　　日本学習図書株式会社

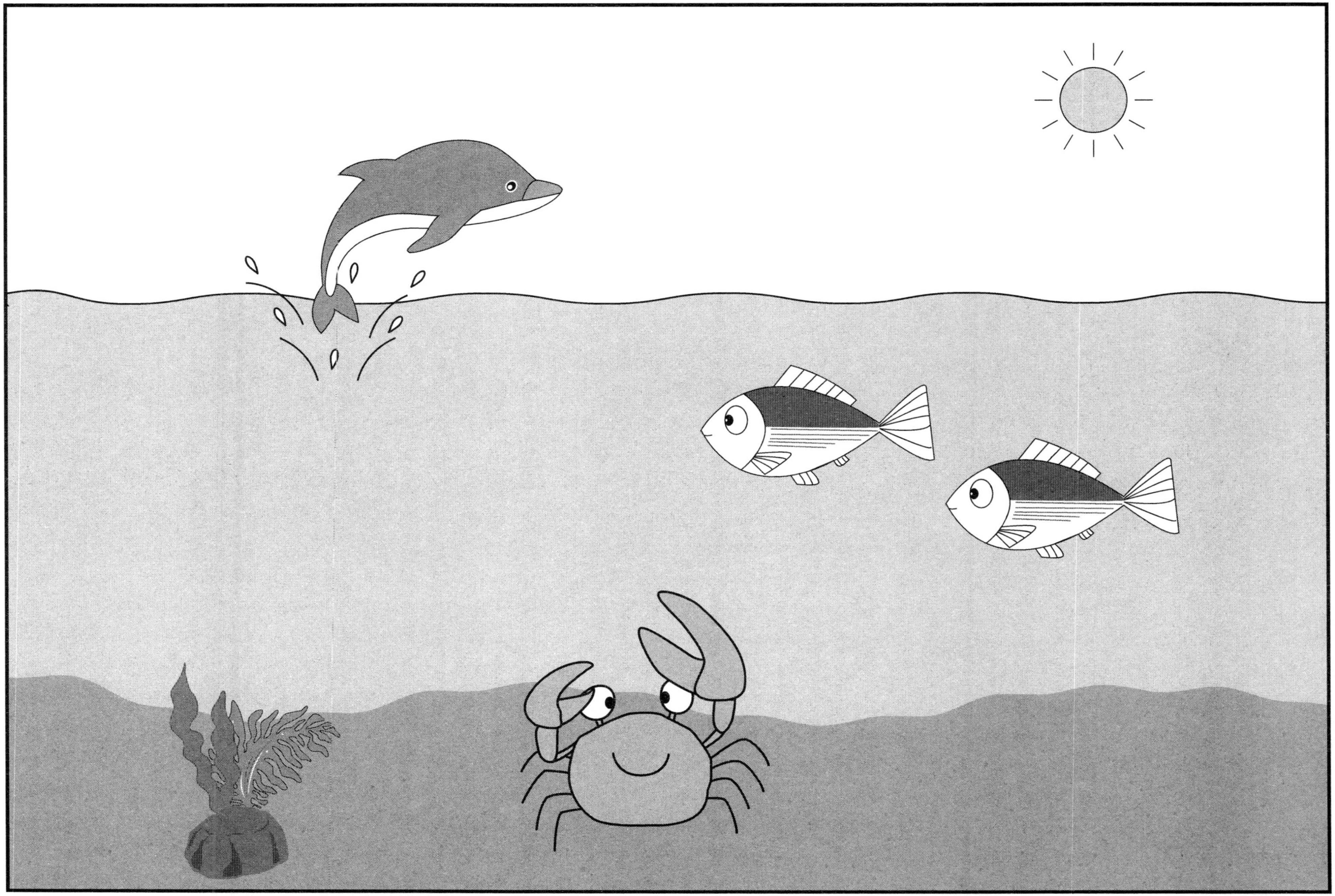

2021年度　附属小金井小学校　過去　無断複製／転載を禁ずる

日本学習図書株式会社

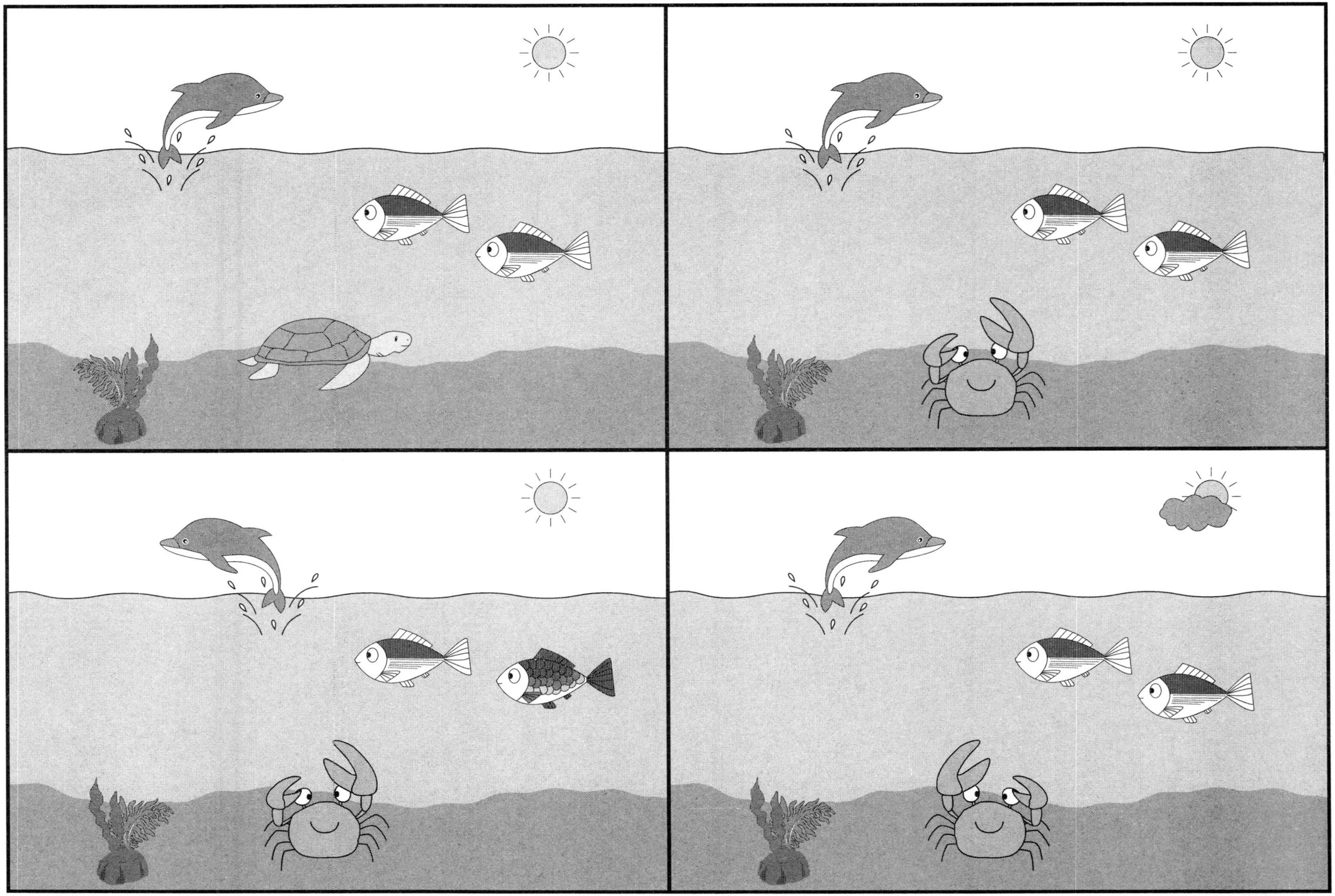

問題１５

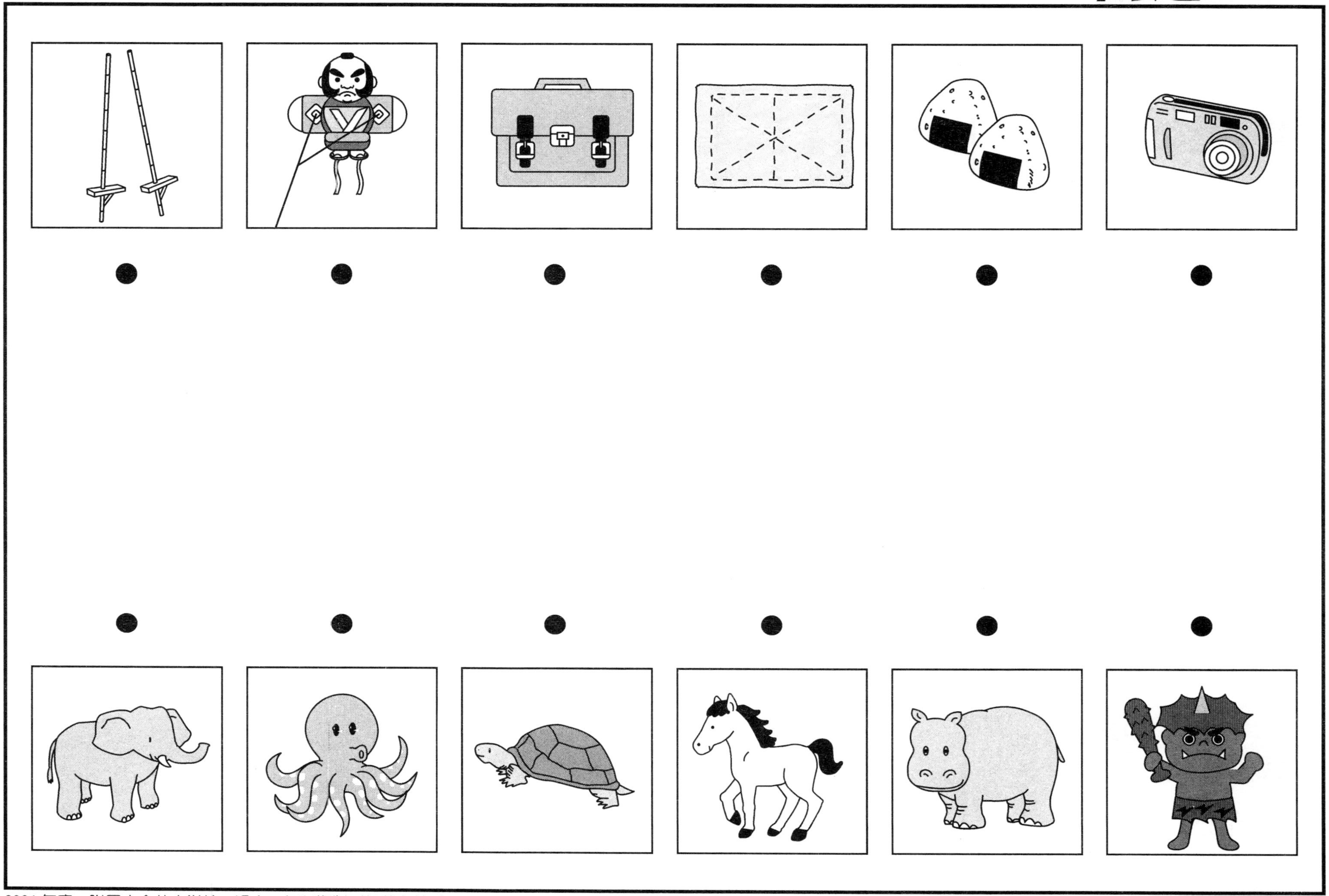

日本学習図書株式会社

日本学習図書株式会社

2021年度　附属小金井小学校　過去　無断複製／転載を禁ずる

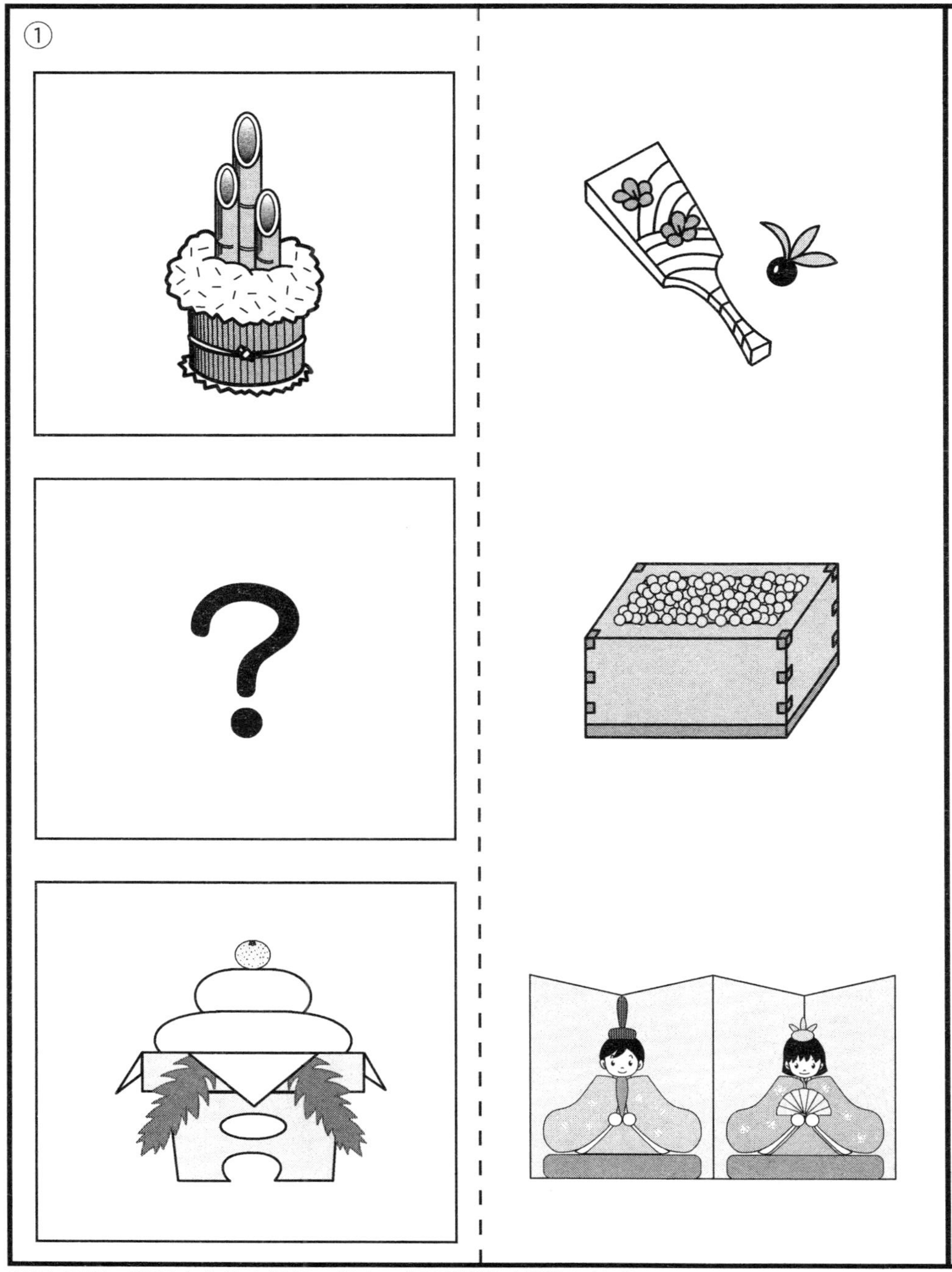

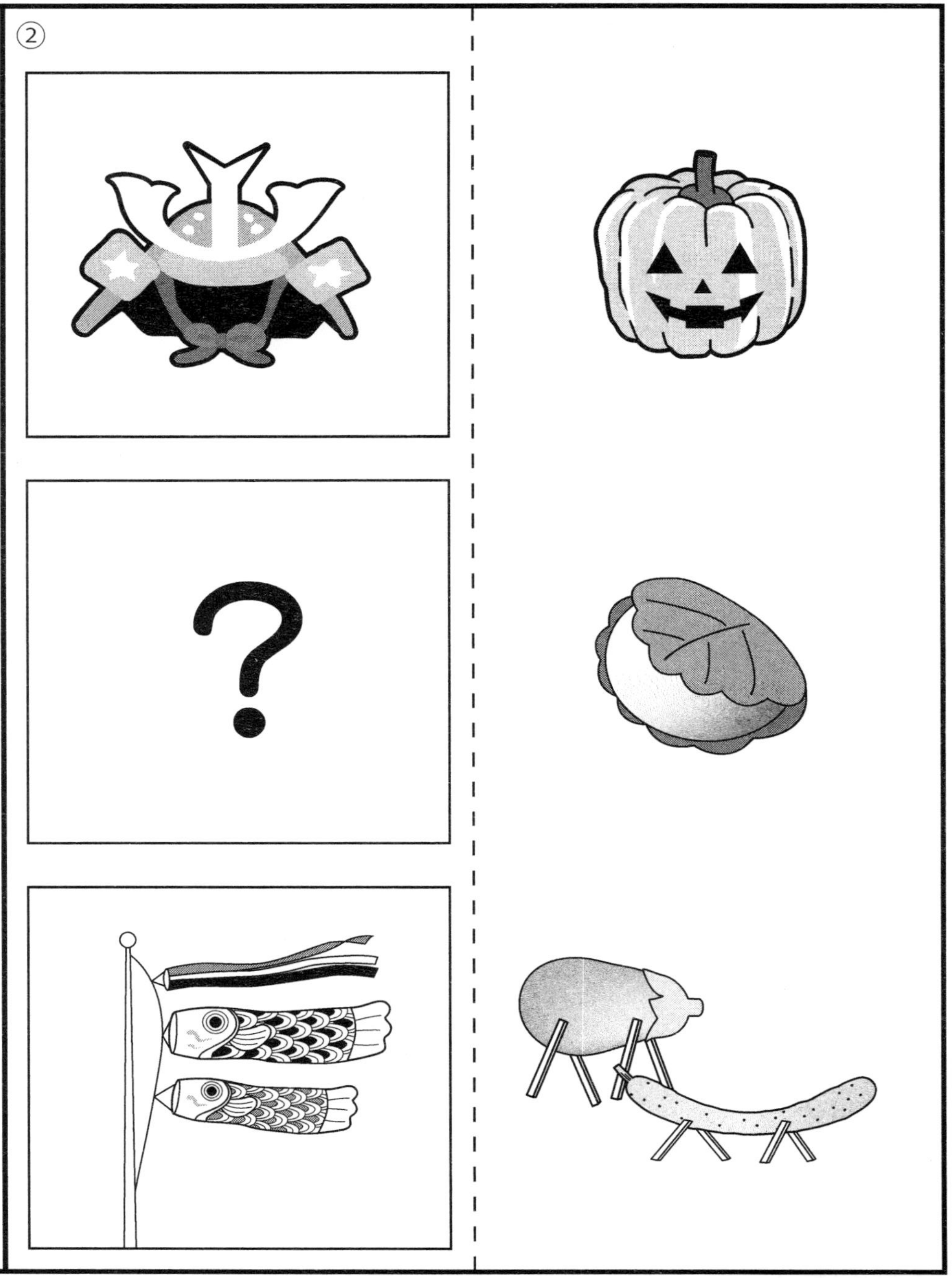

問題１６－２

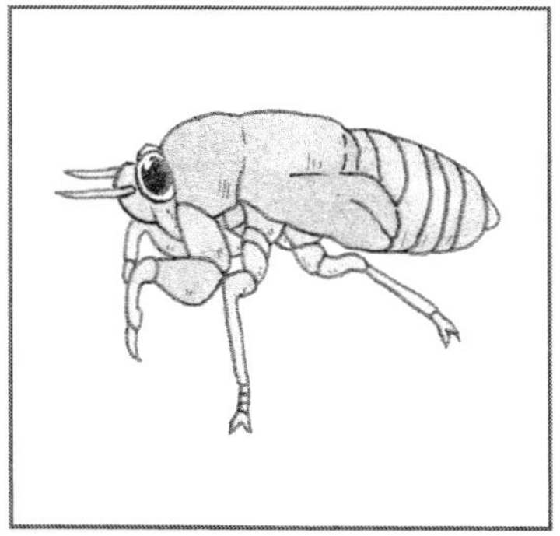

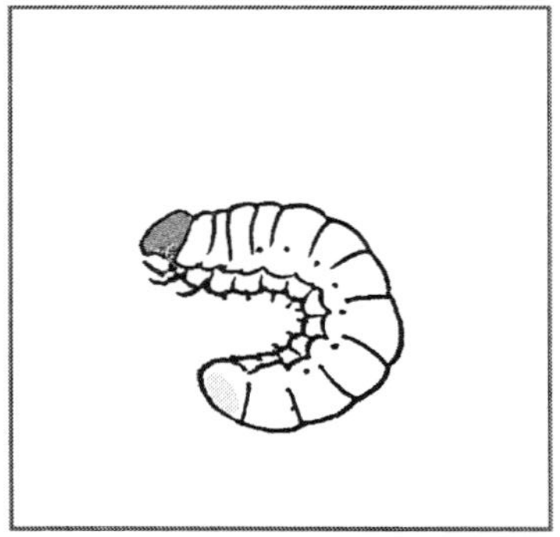

2021年度　附属小金井小学校　過去　無断複製／転載を禁ずる　日本学習図書株式会社

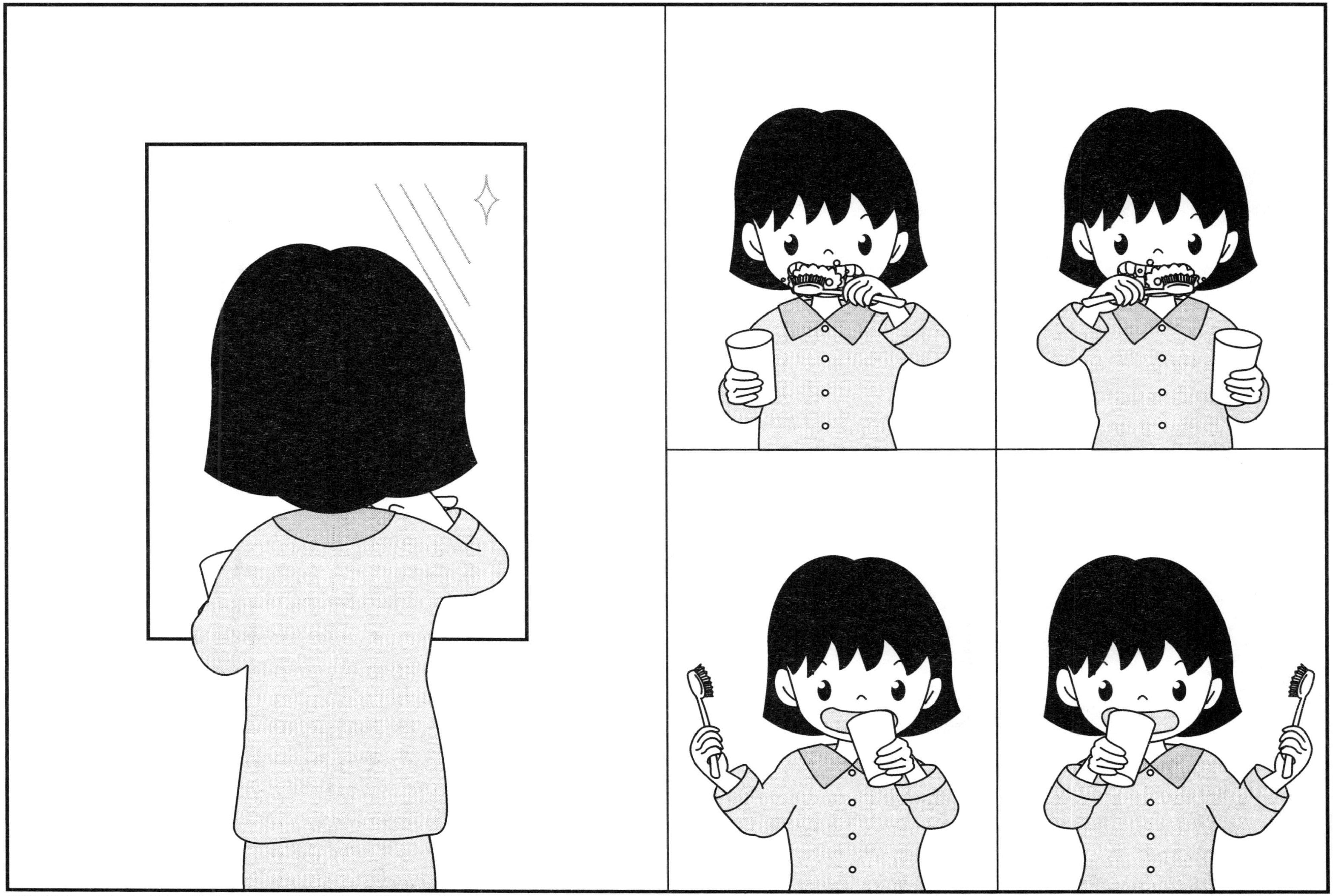

問題18

①

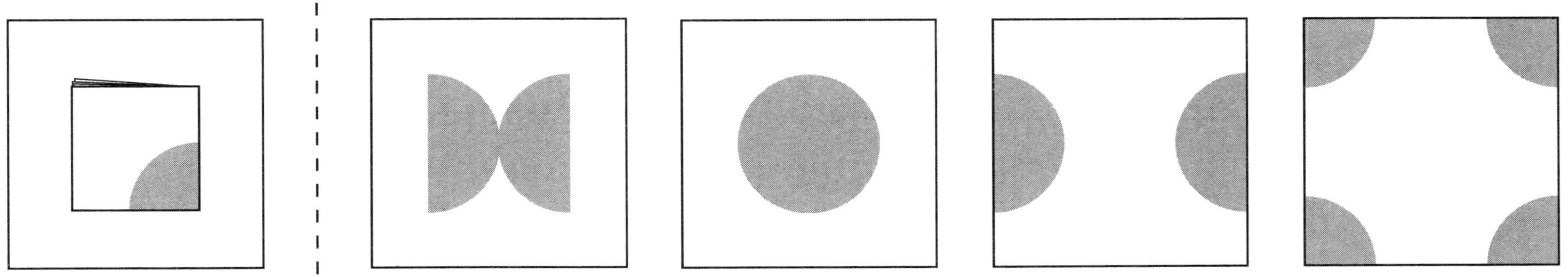

②

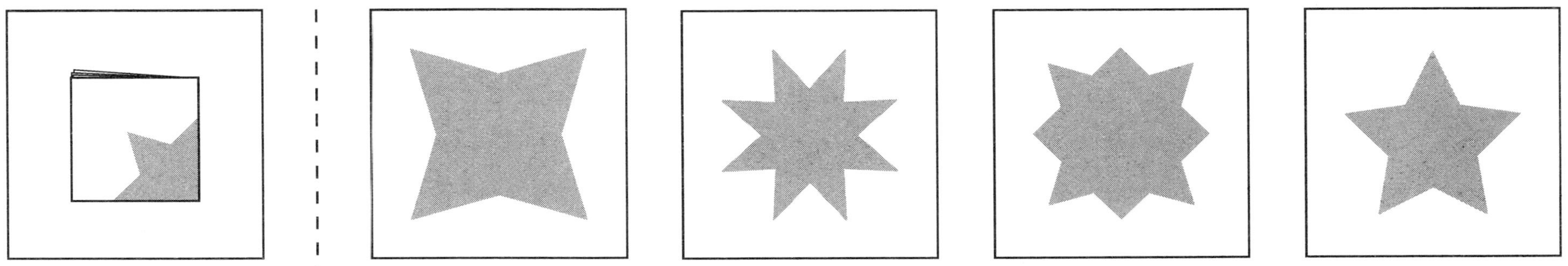

③

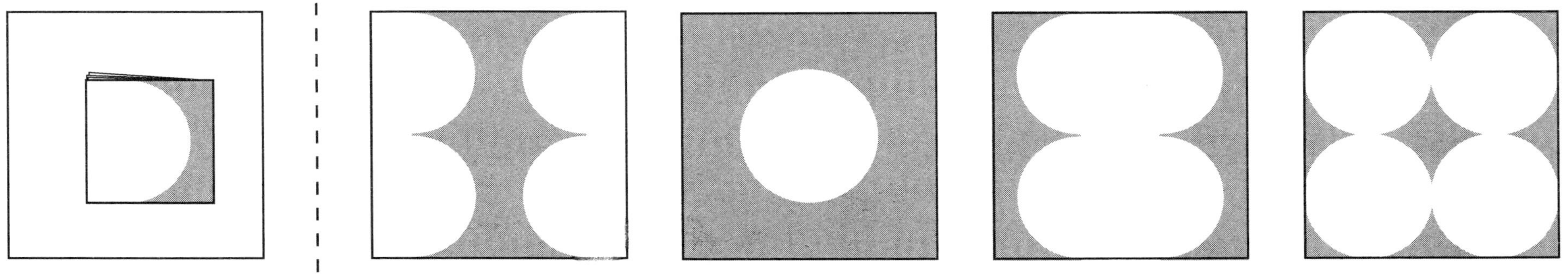

2021年度 附属小金井小学校 過去 無断複製／転載を禁ずる 日本学習図書株式会社

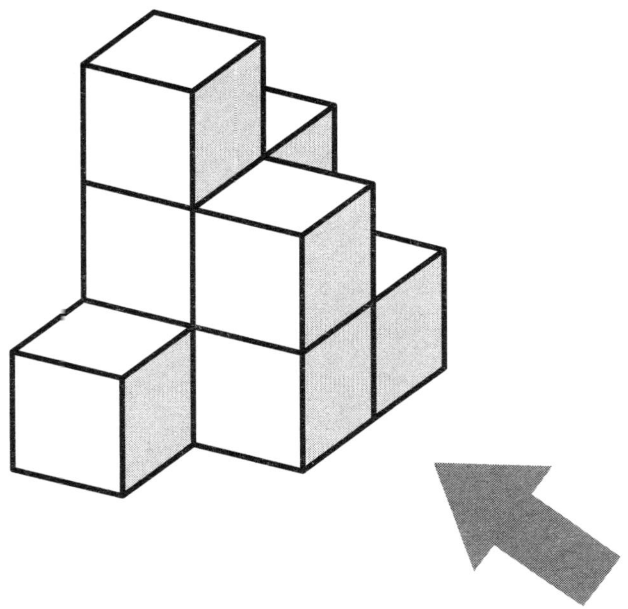

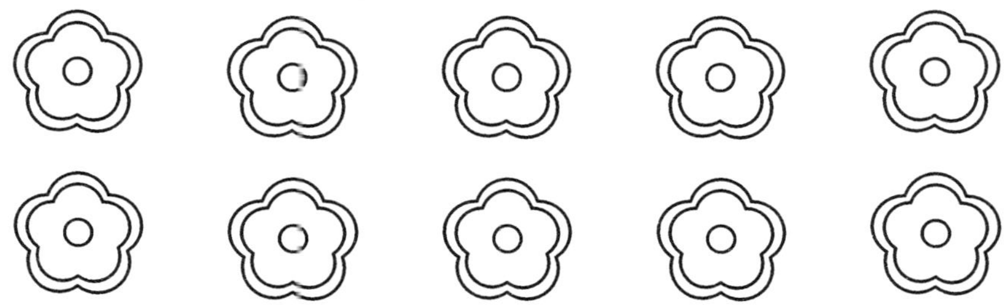

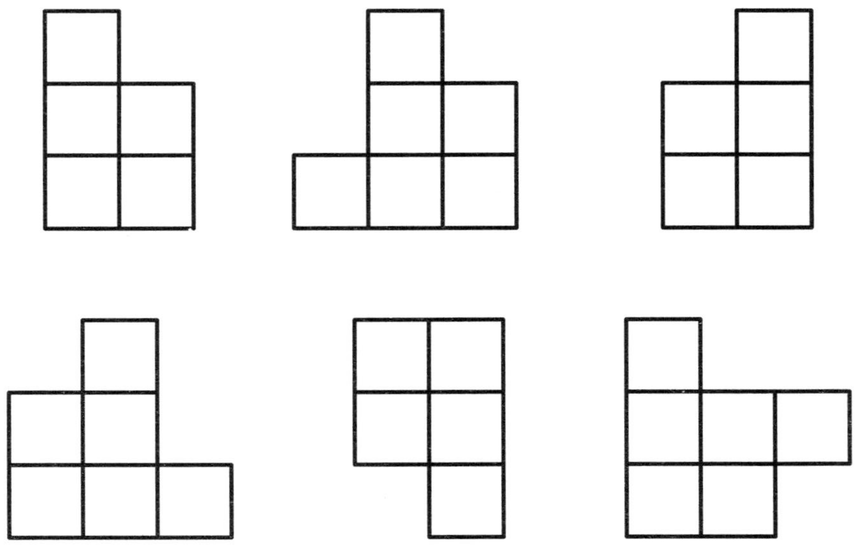

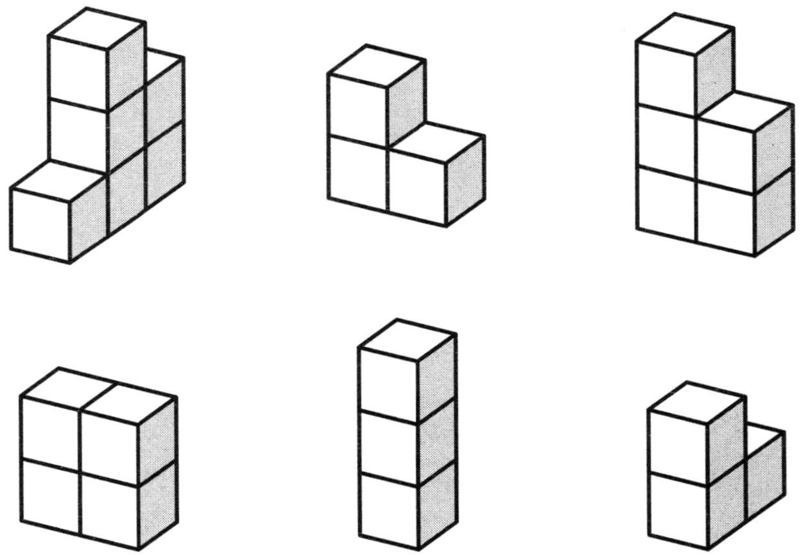

問題２０

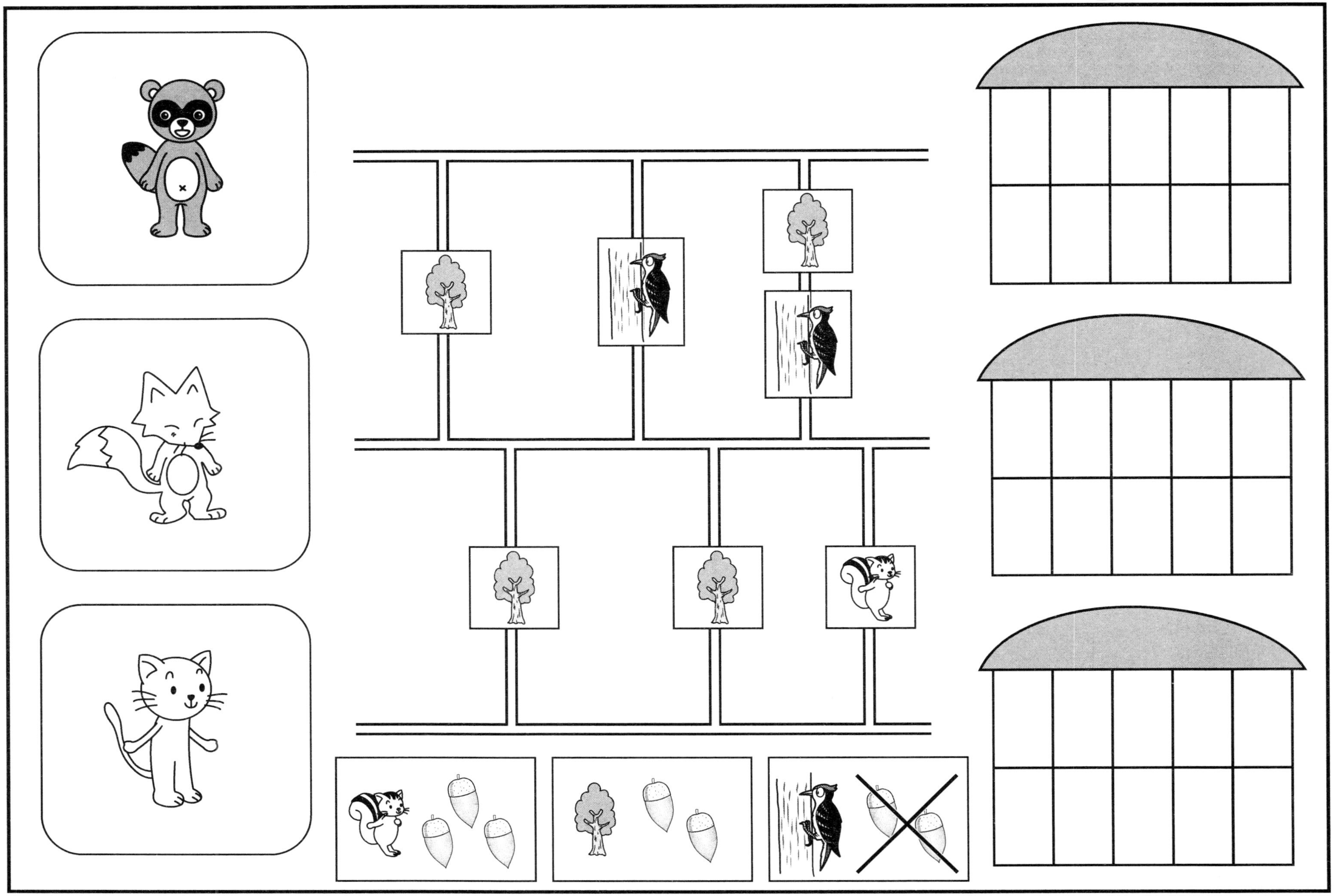

　

2021年度　附属小金井小学校　過去　無断複製／転載を禁ずる　　日本学習図書株式会社

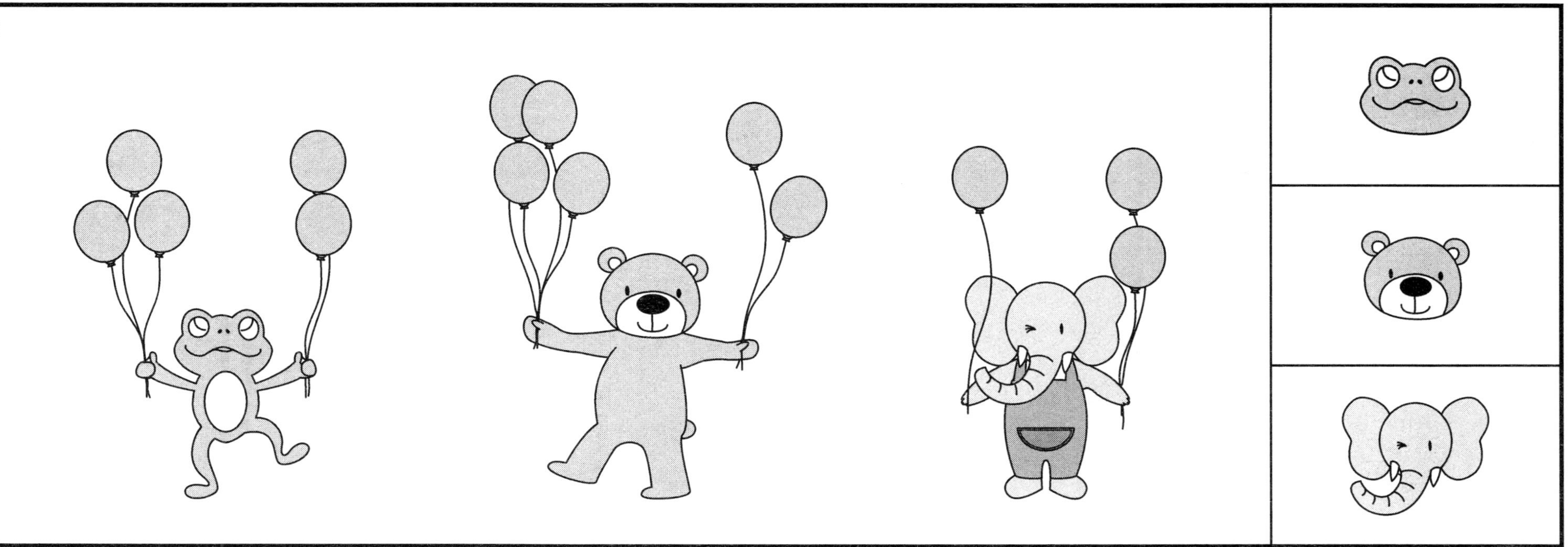

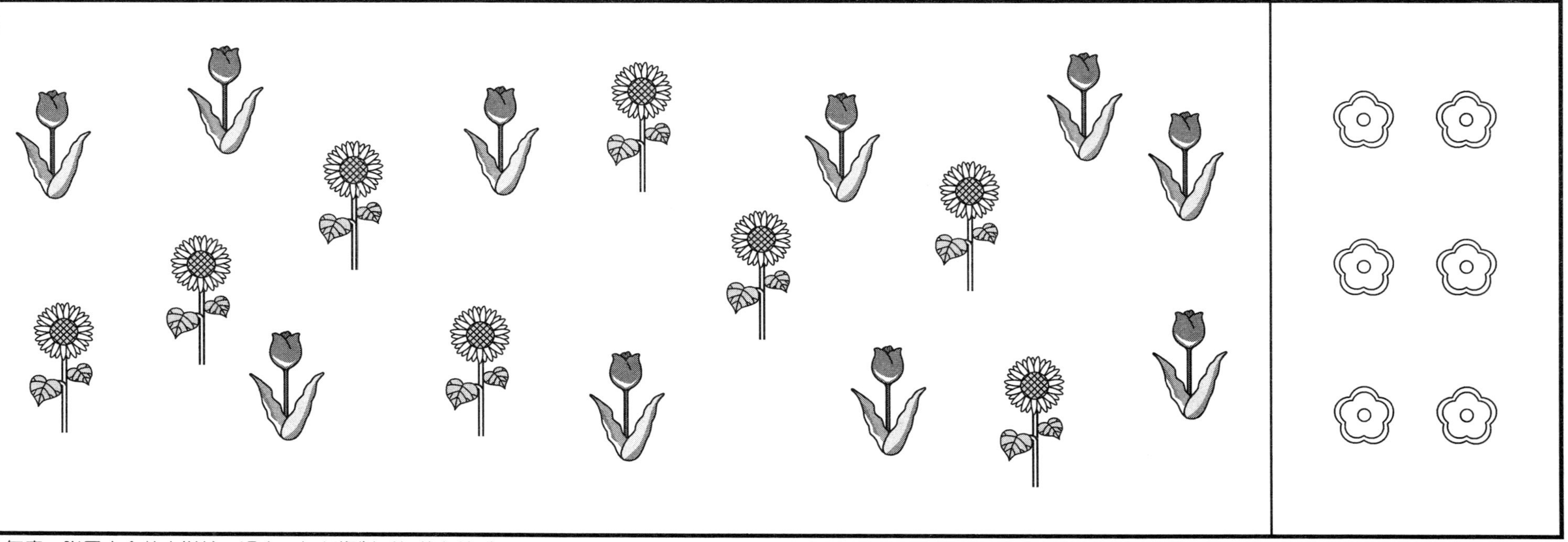

③

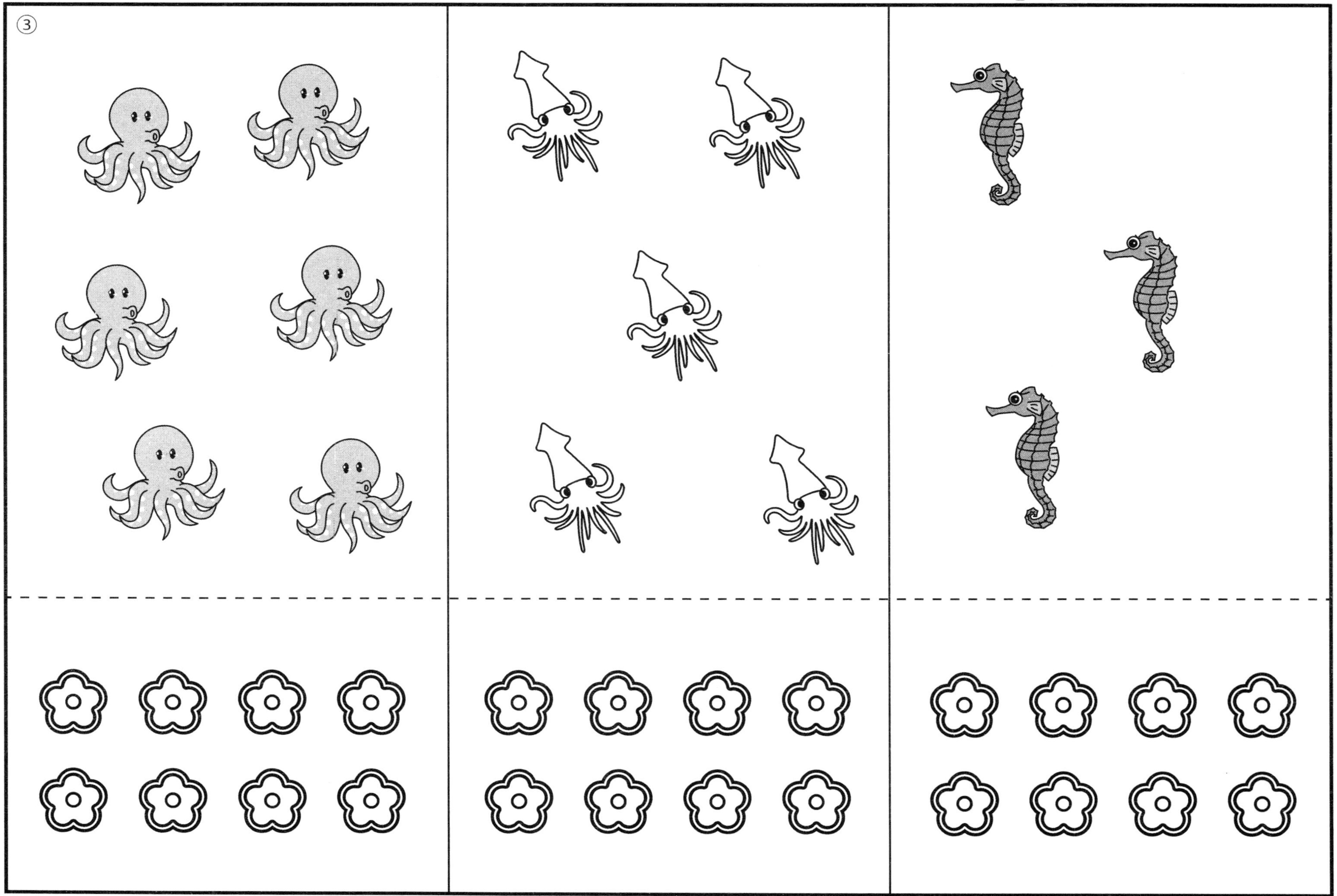

問題２２

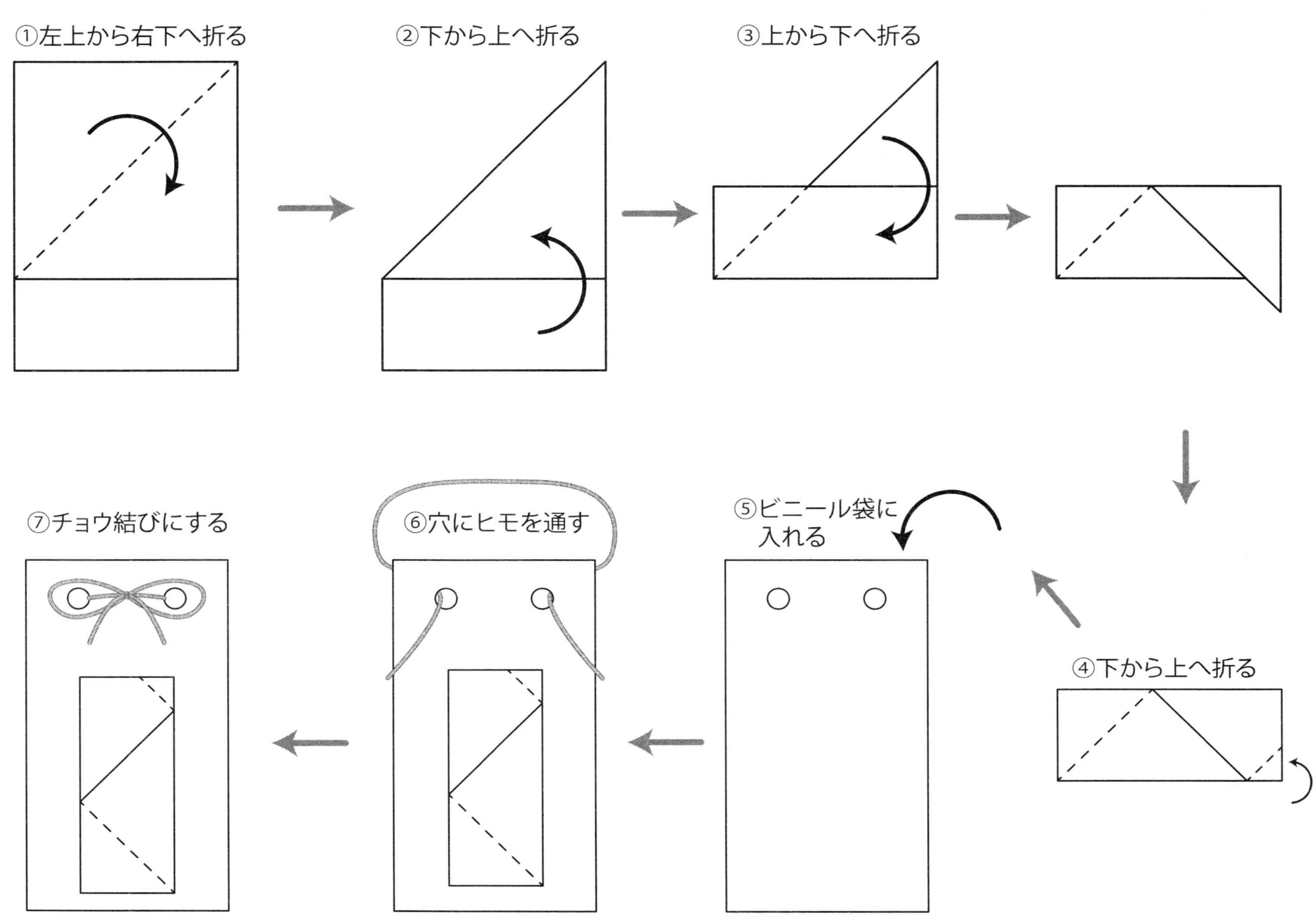
①左上から右下へ折る
②下から上へ折る
③上から下へ折る
④下から上へ折る
⑤ビニール袋に
入れる
⑥穴にヒモを通す
⑦チョウ結びにする

問題 2 3

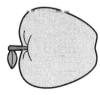

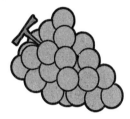

問題24－1

問題24－2

問題２５－１

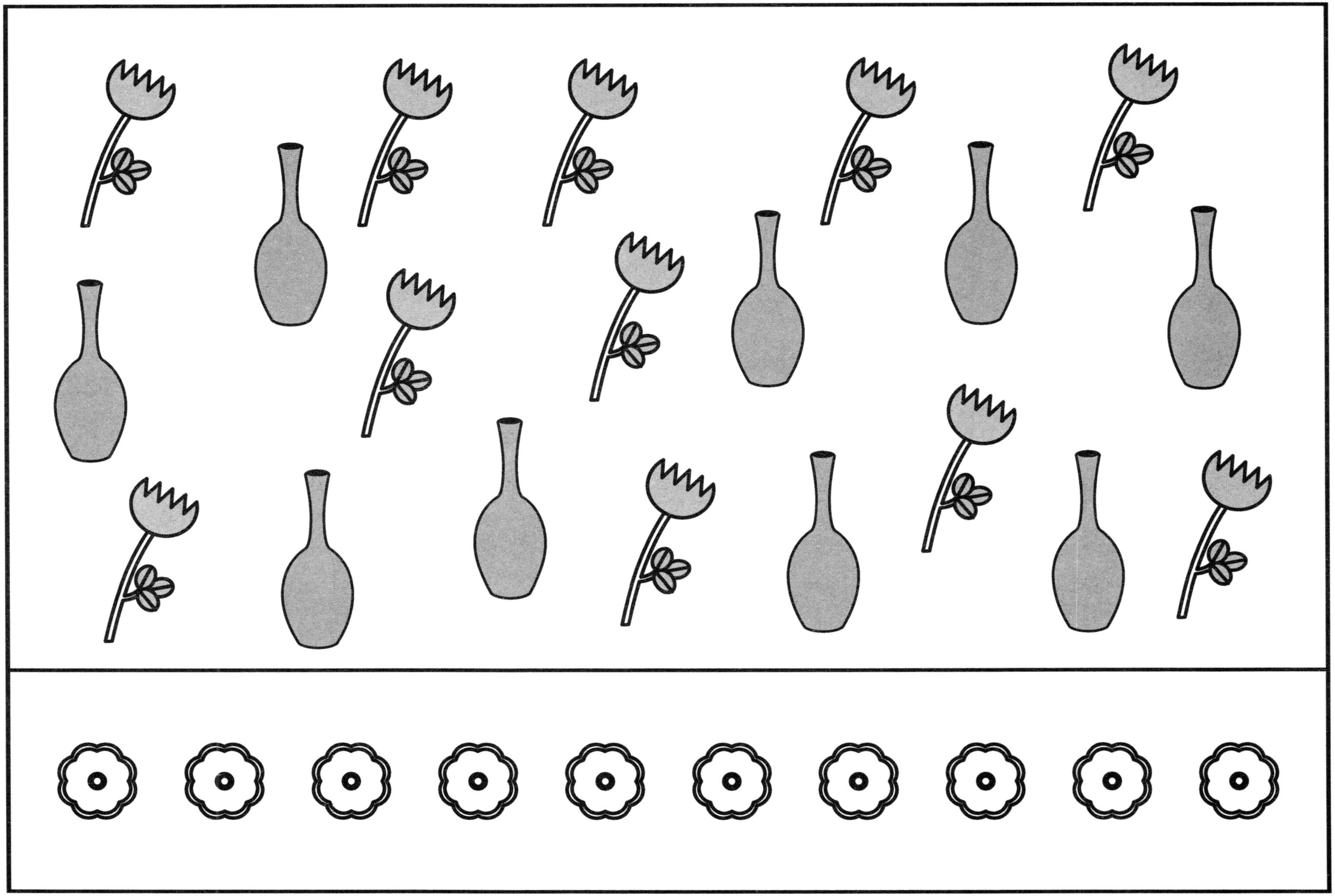

問題25－2

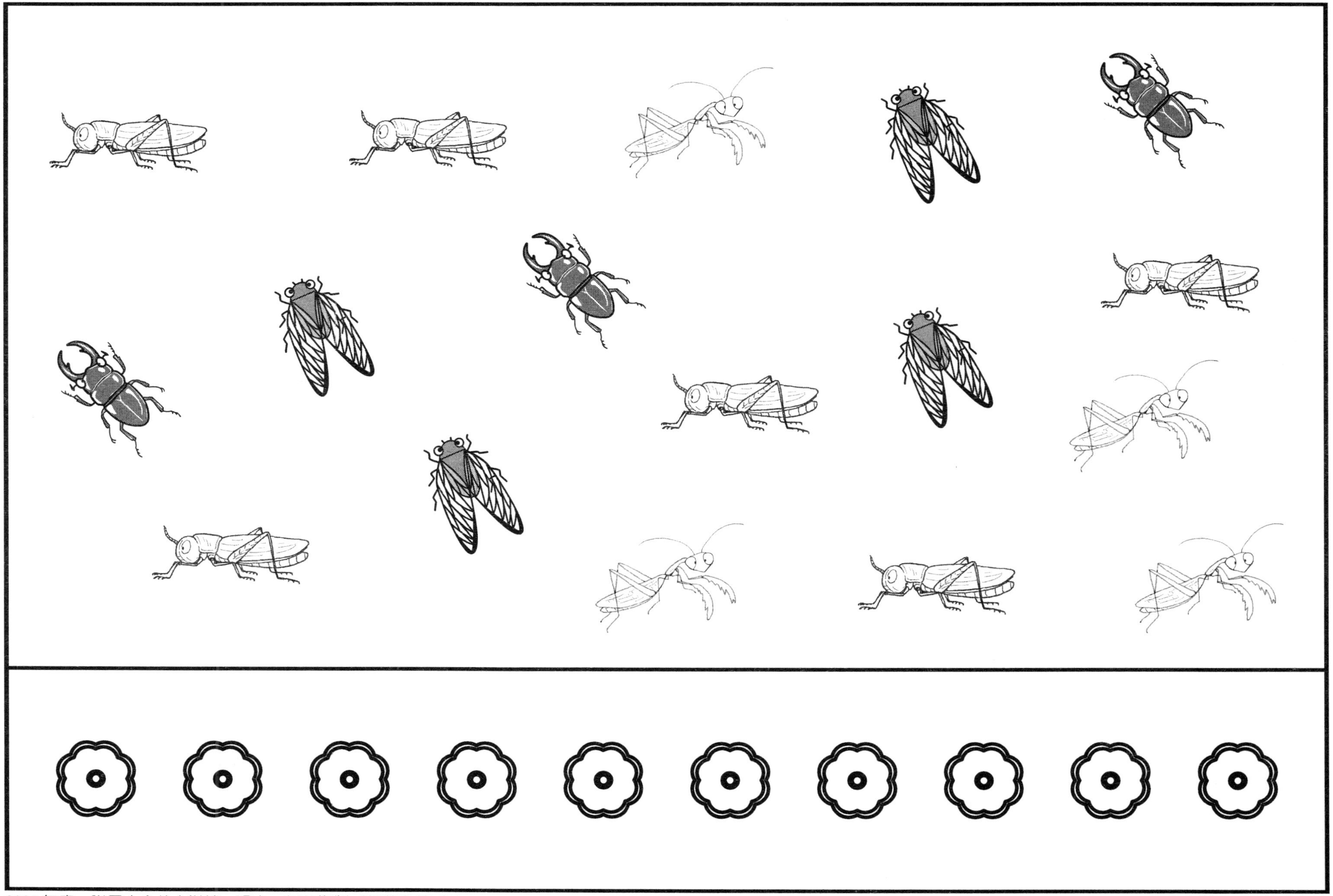

日本学習図書株式会社

2021 年度　附属小金井小学校　過去　無断複製／転載を禁ずる　　　日本学習図書株式会社

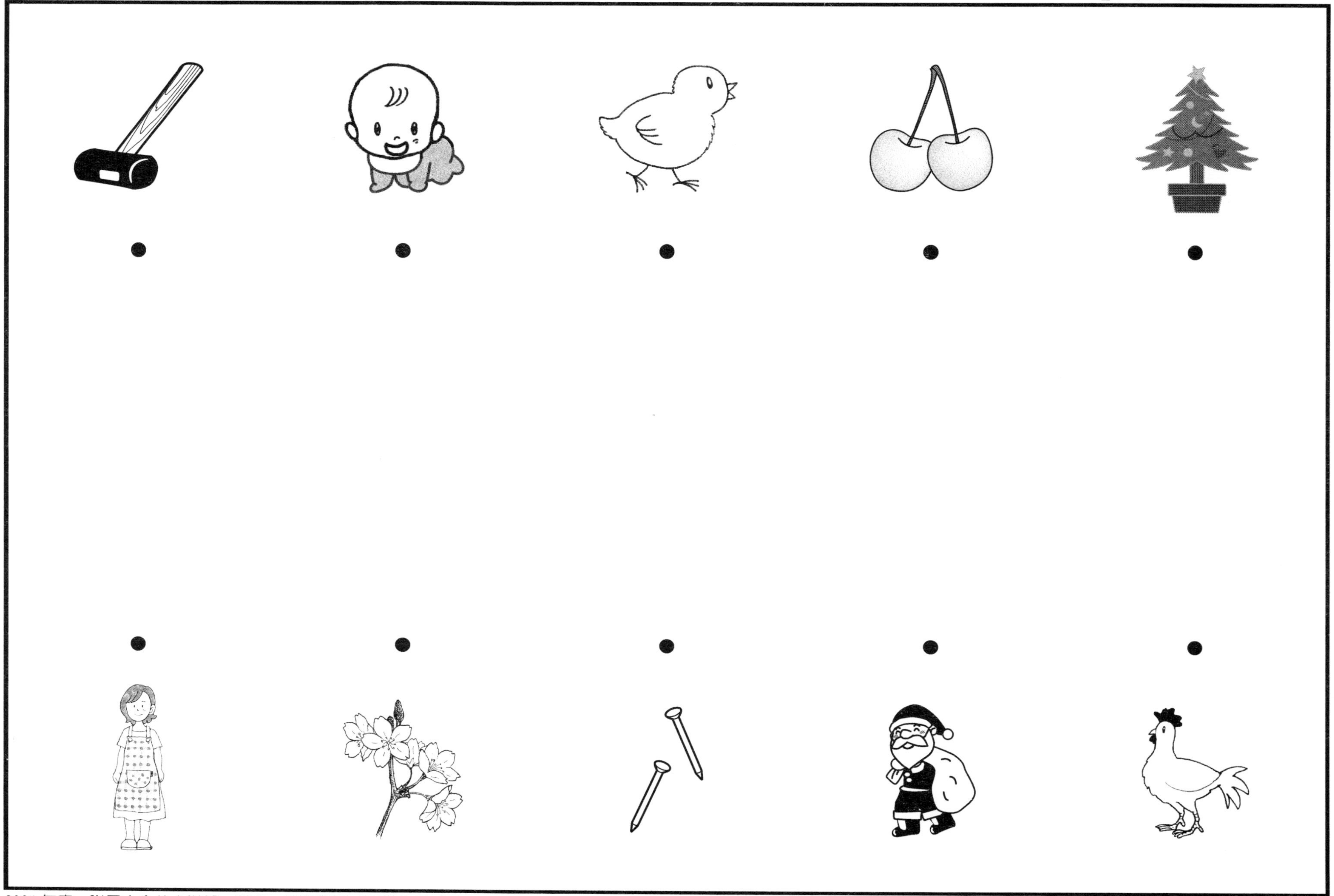

問題２７

問題28

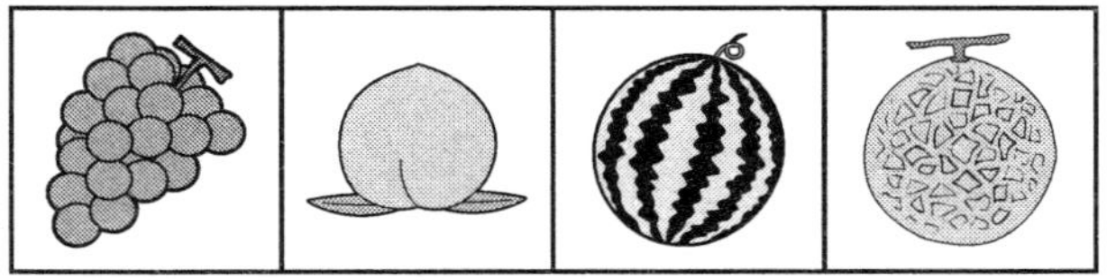

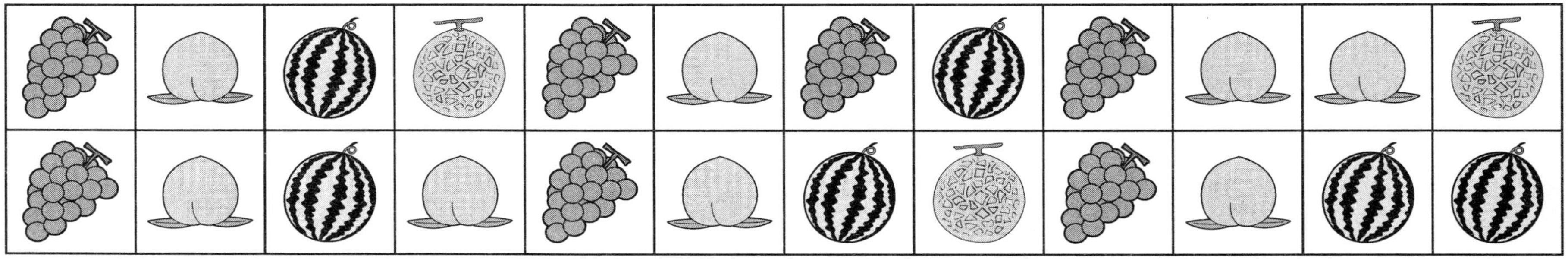

2021 年度　附属小金井小学校　過去　無断複製／転載を禁ずる　　　　　　日本学習図書株式会社

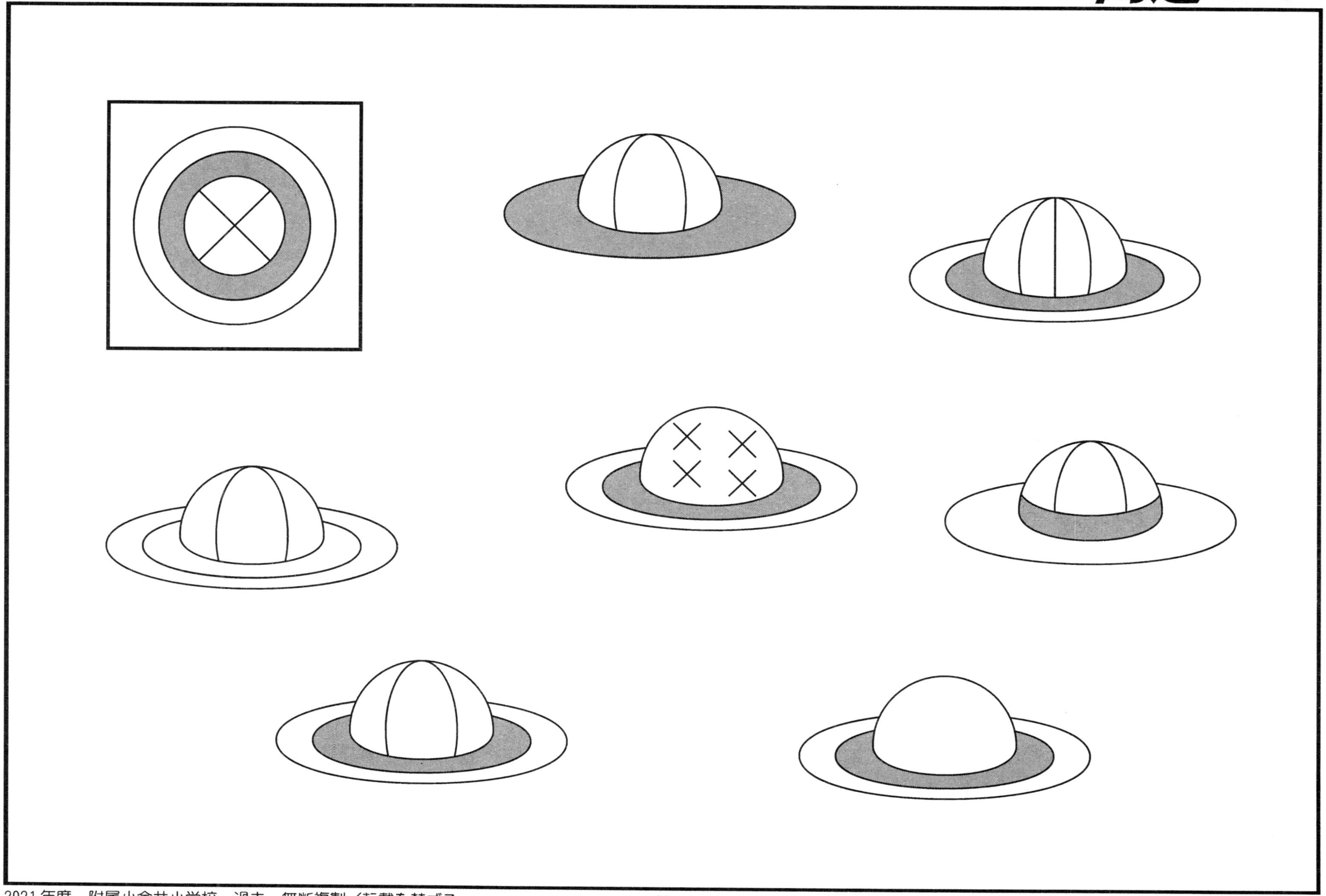

問題30

①ストローにひもを通す。

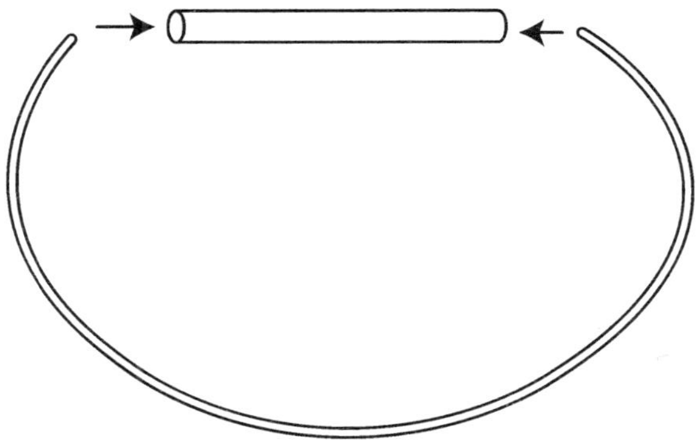

②反対側の口からひもを出す。

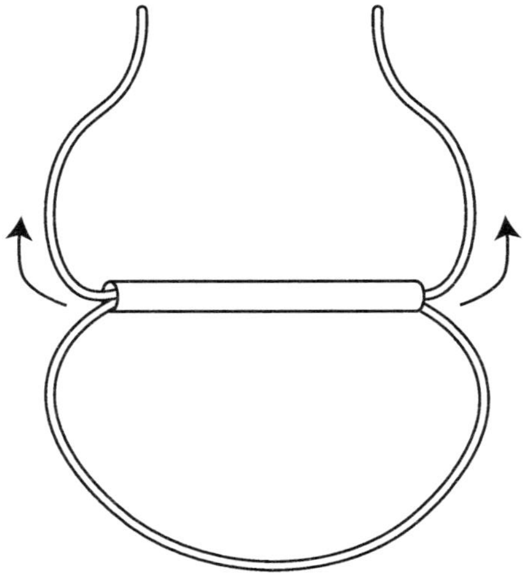

③２本まとめて玉結びにする。

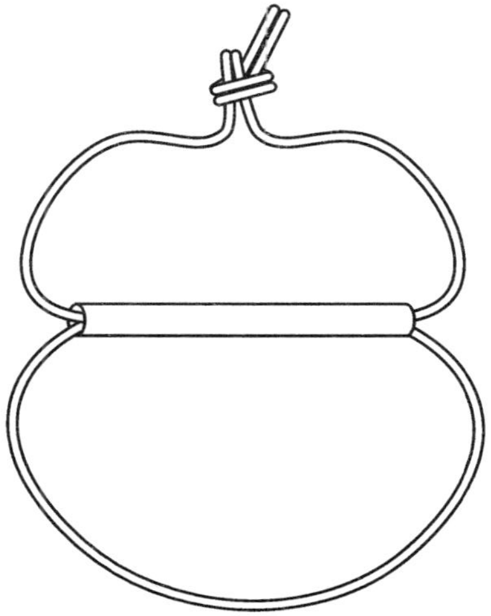

④形を整える。

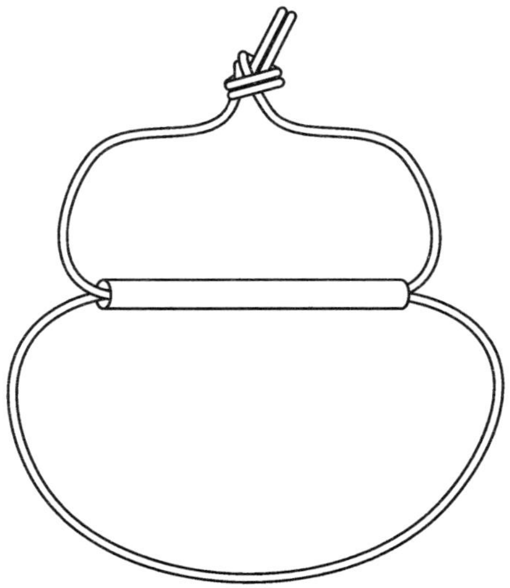

問題３１

①

②

問題３２－１

日本学習図書株式会社

2021年度　附属小金井小学校　過去　無断複製／転載を禁ずる　　日本学習図書株式会社

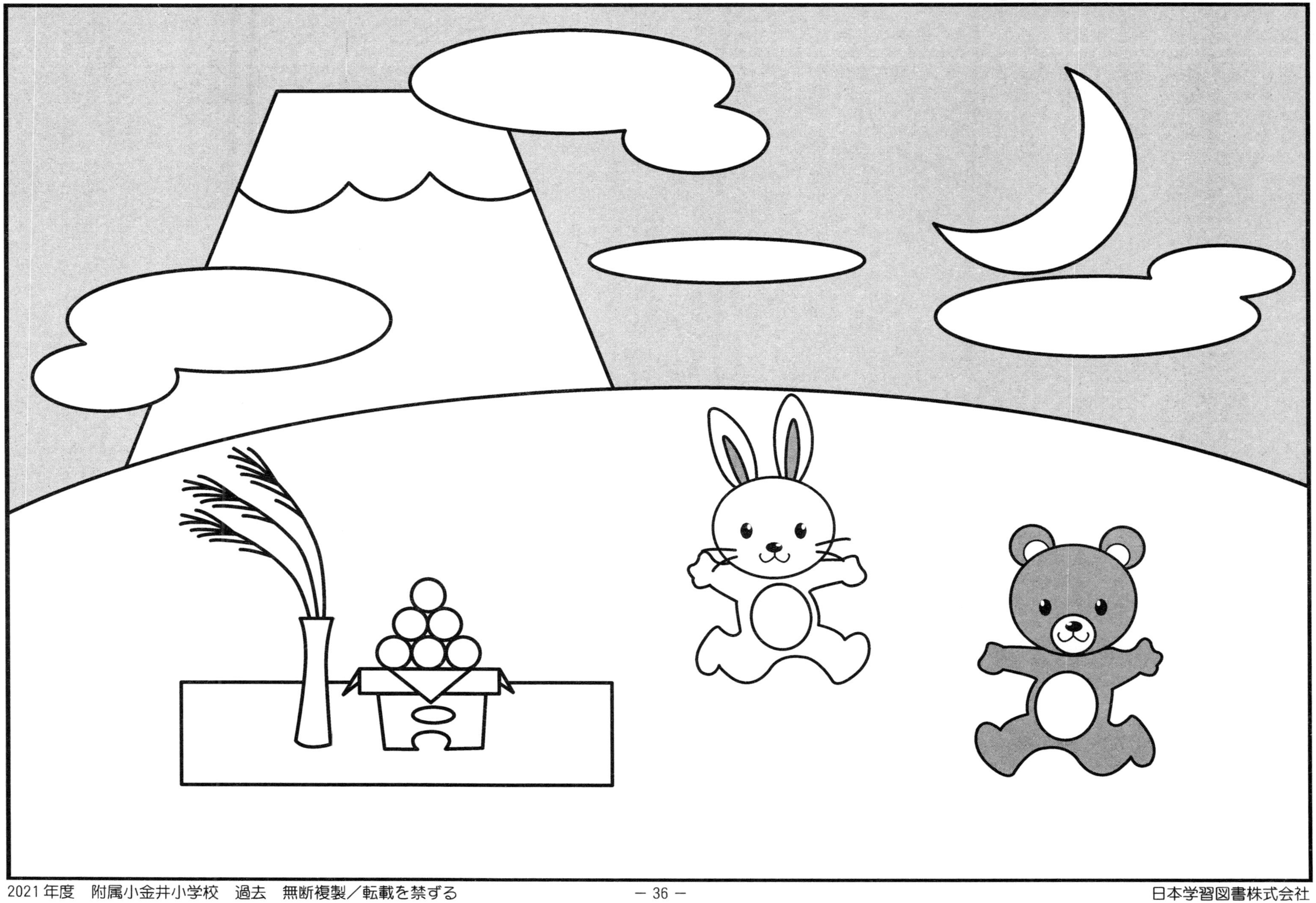

問題３３

問題３４

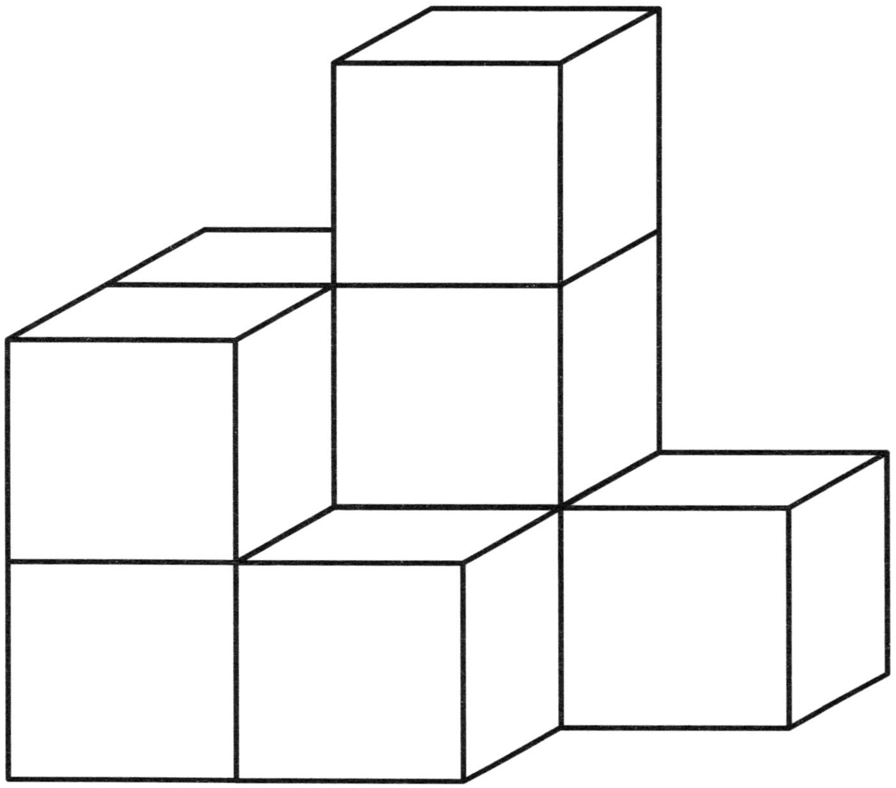

問題３５－１

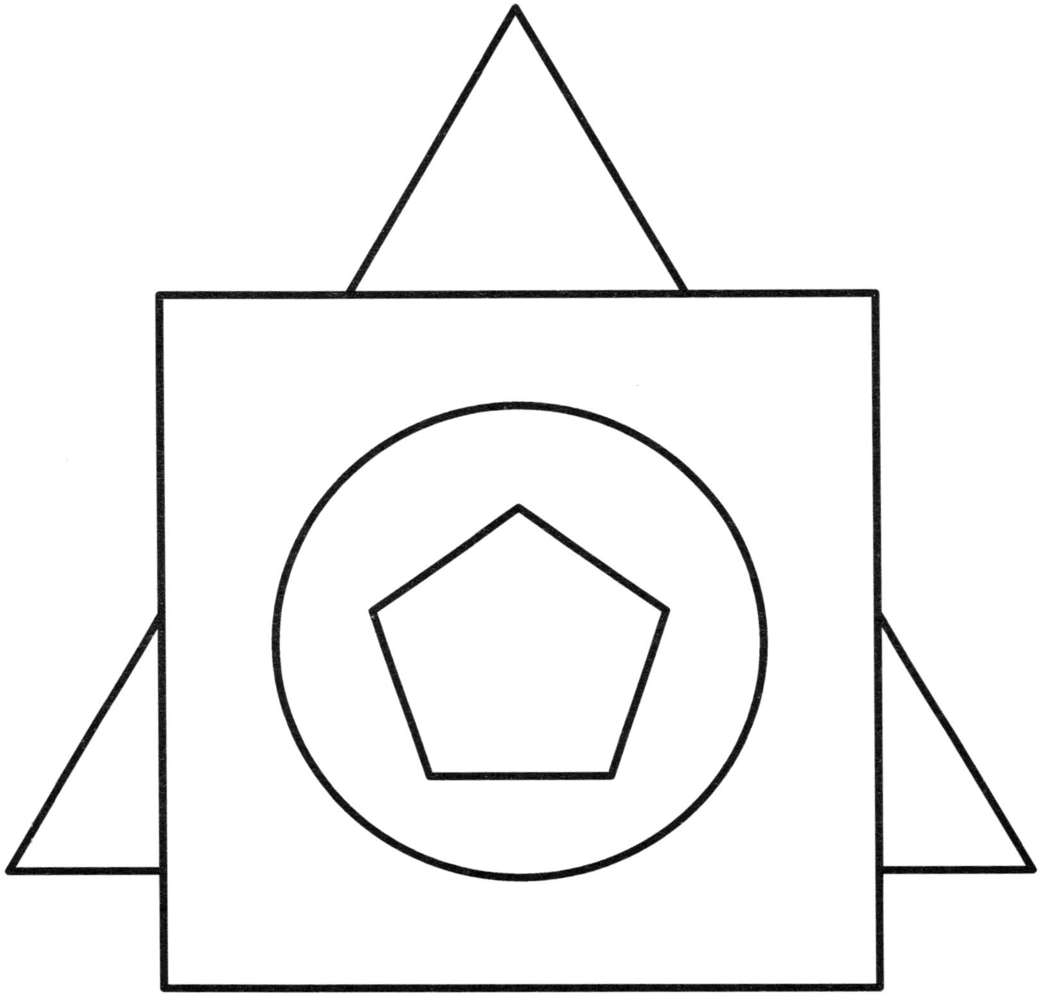

2021年度　附属小金井小学校　過去　無断複製／転載を禁ずる

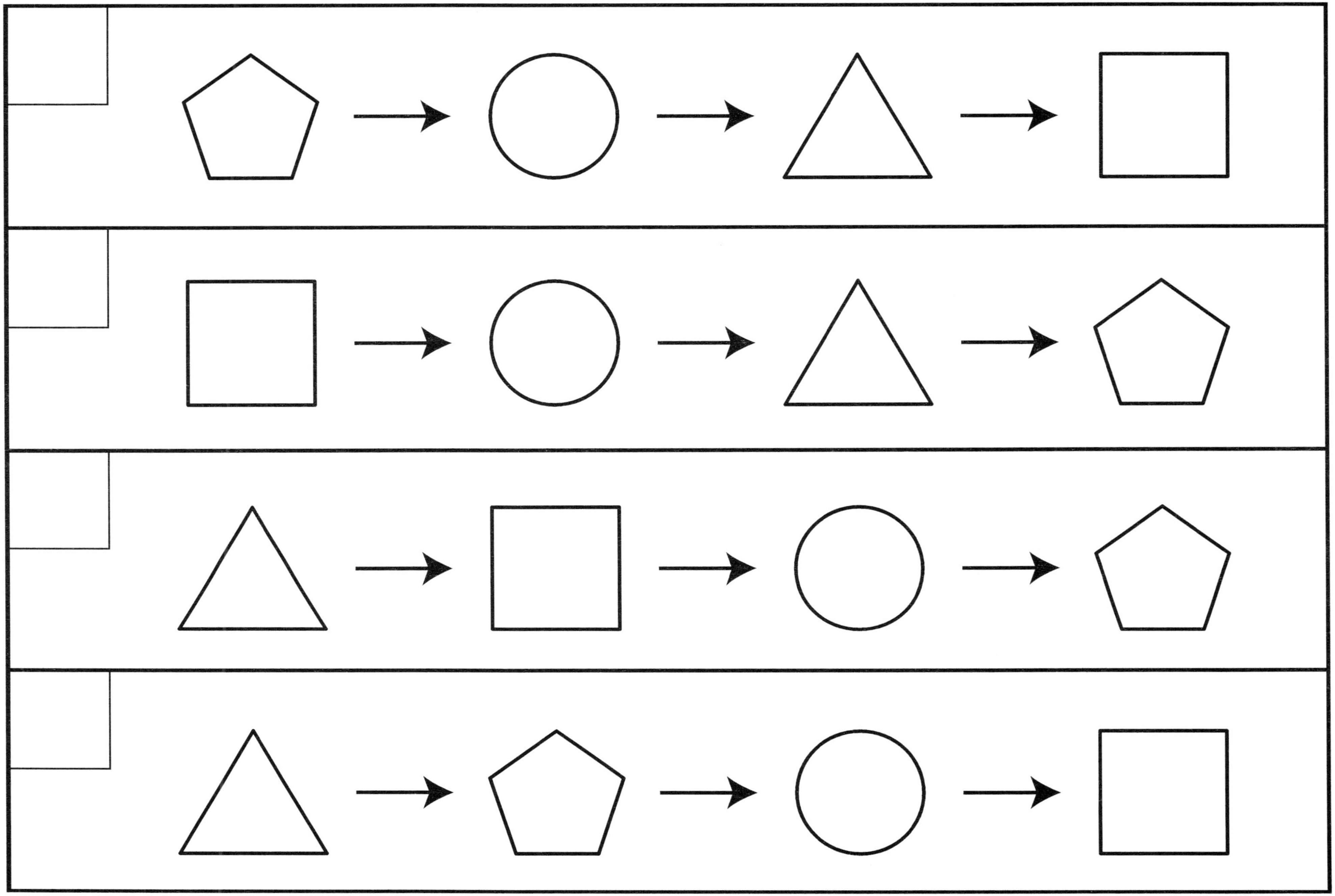

問題36

① ②

- 41 -

2021年度 附属小金井小学校 過去 無断複製/転載を禁ずる　　　　　日本学習図書株式会社

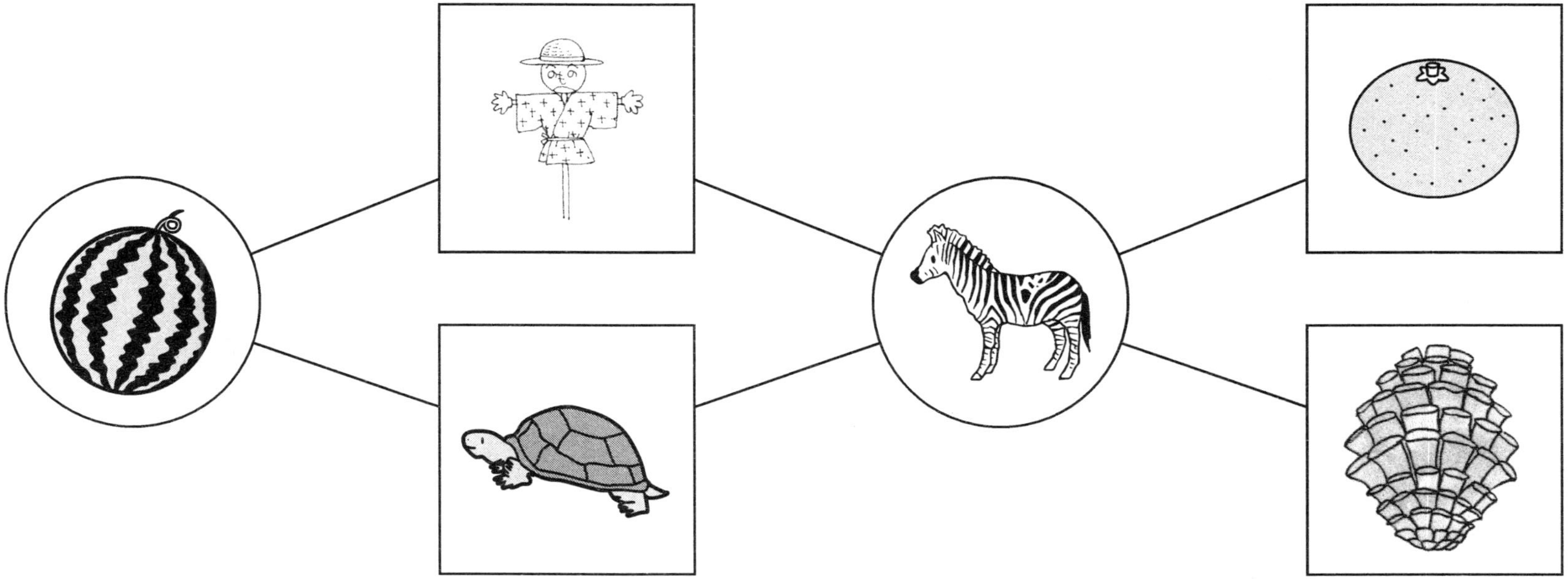

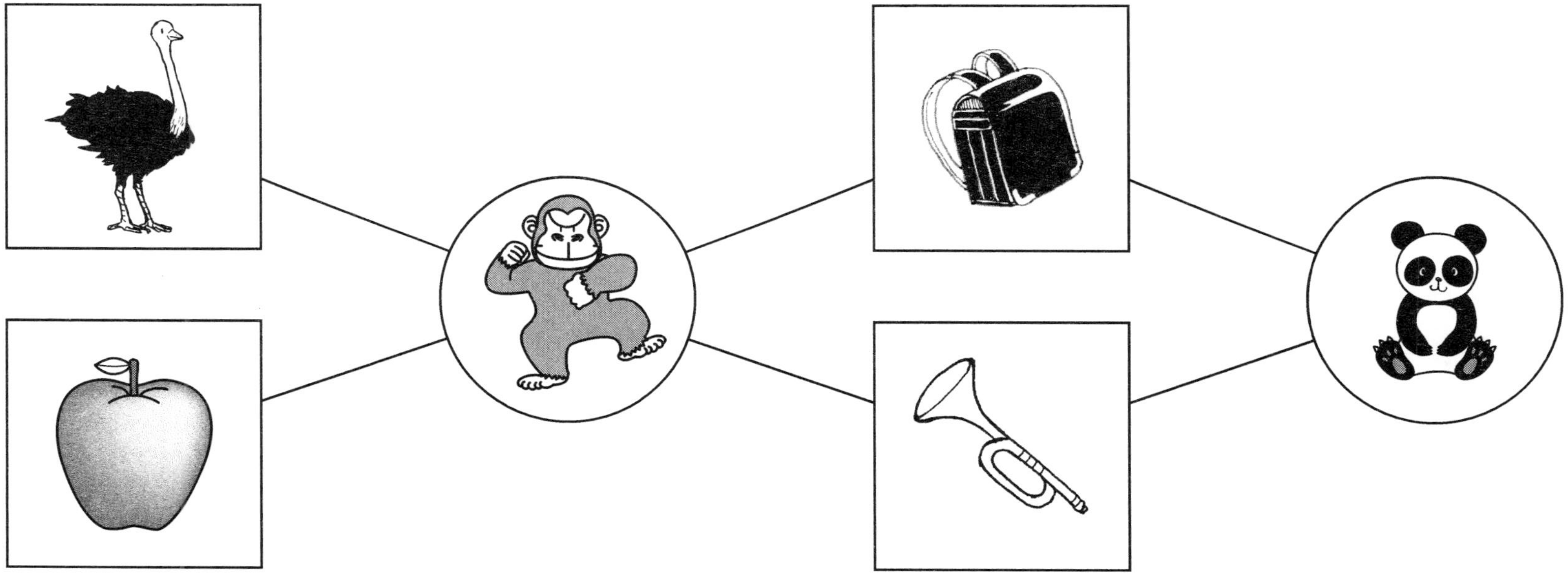

問題37

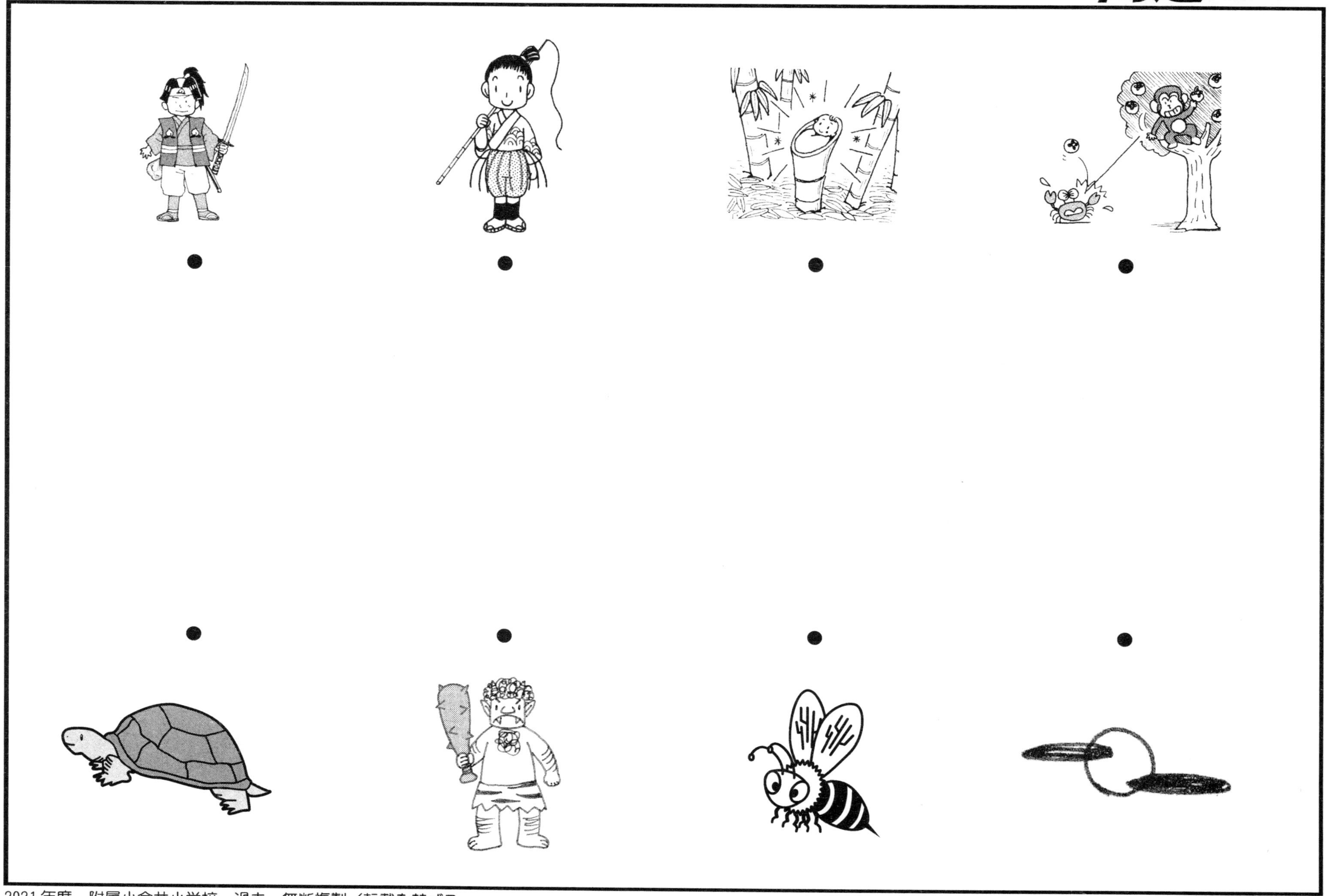

問題 38

なわとび結びにする

穴あきビーズを通す

玉結びにする

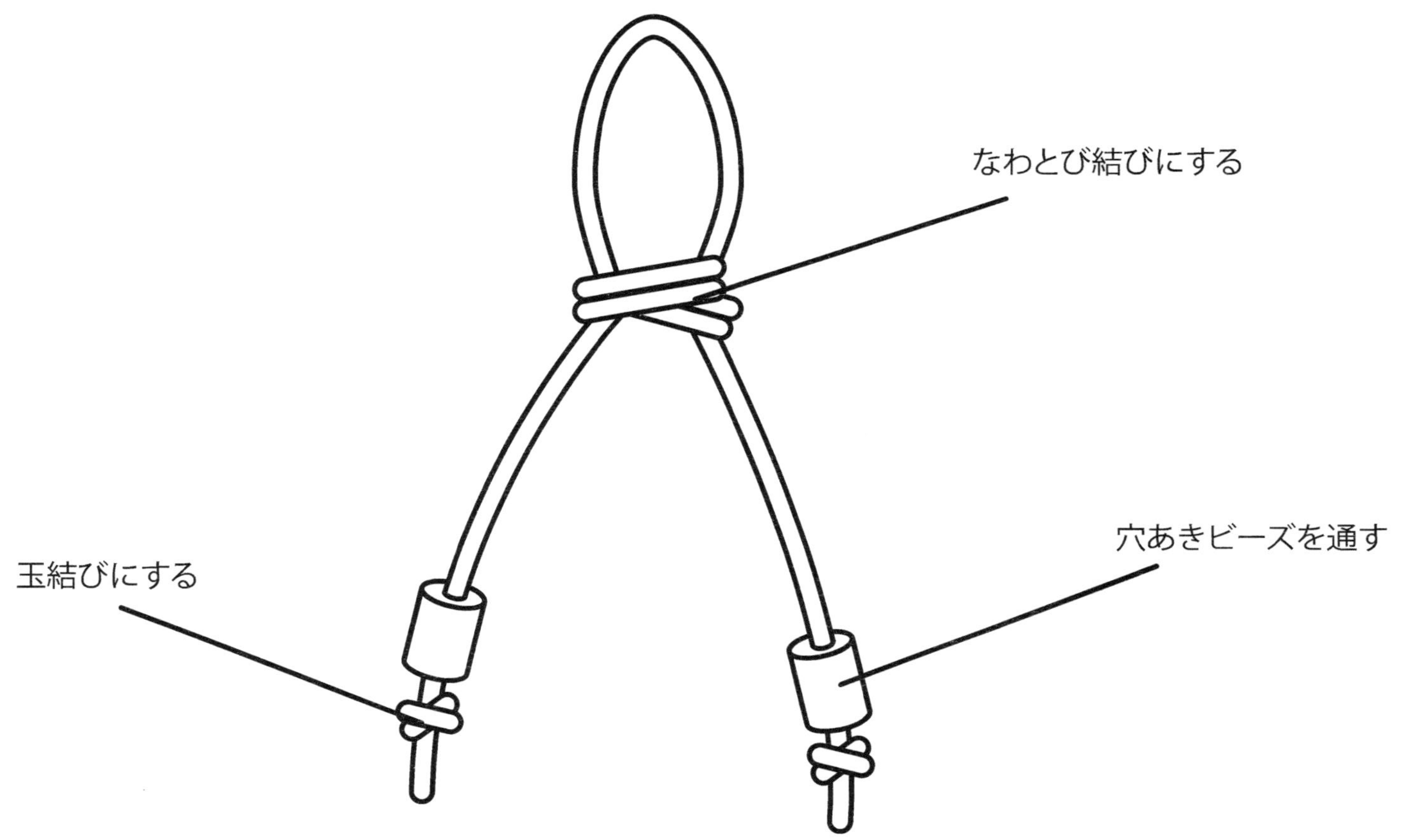

問題３９

問題４０－１

2021 年度　附属小金井小学校　過去　無断複製／転載を禁ずる　日本学習図書株式会社

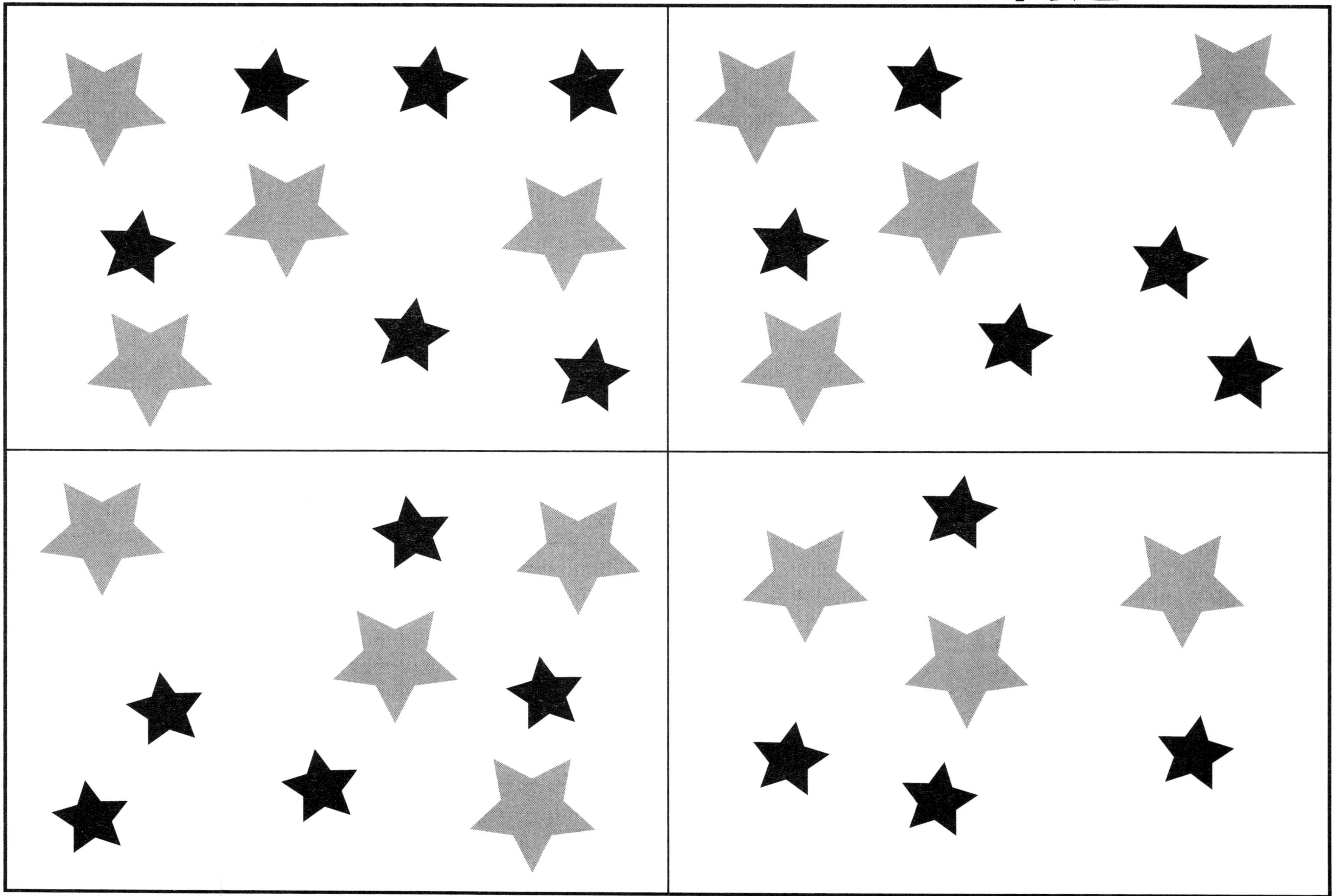

図書カード 1000 円分プレゼント

ご記入日　令和　　年　　月　　日

☆国・私立小学校受験アンケート☆

※可能な範囲でご記入下さい。選択肢は○で囲んで下さい。

〈小学校名〉＿＿＿＿＿＿＿＿＿＿　〈お子さまの性別〉男・女　〈誕生月〉＿＿月

〈その他の受験校〉（複数回答可）＿＿＿＿＿＿＿＿＿＿＿＿＿＿＿＿

〈受験日〉①：＿＿月＿＿日　〈時間〉＿＿時＿＿分　～　＿＿時＿＿分

②：＿＿月＿＿日　〈時間〉＿＿時＿＿分　～　＿＿時＿＿分

〈受験者数〉　男女計＿＿名　（男子＿＿名　女子＿＿名）

〈お子さまの服装〉＿＿＿＿＿＿＿＿＿＿＿＿＿＿＿＿

〈入試全体の流れ〉（記入例）準備体操→行動観察→ペーパーテスト

＿＿＿＿＿＿＿＿＿＿＿＿＿＿＿＿＿＿＿＿＿＿＿＿

Eメールによる情報提供

日本学習図書では、Eメールでも入試情報を募集しております。

下記のアドレスに、アンケートの内容をご入力の上、メールをお送り下さい。

ojuken@nichigaku.jp

●行動観察　（例）好きなおもちゃで遊ぶ・グループで協力するゲームなど

〈実施日〉＿＿月＿＿日　〈時間〉＿＿時＿＿分　～　＿＿時＿＿分　〈着替え〉□有　□無

〈出題方法〉　□肉声　□録音　□その他（　　　　　　）　〈お手本〉□有　□無

〈試験形態〉　□個別　□集団（　　　人程度）

〈内容〉

□自由遊び

＿＿＿＿＿＿＿＿＿＿＿＿＿＿＿＿

□グループ活動

＿＿＿＿＿＿＿＿＿＿＿＿＿＿＿＿

□その他

＿＿＿＿＿＿＿＿＿＿＿＿＿＿＿＿

〈会場図〉

●運動テスト（有・無）　（例）跳び箱・チームでの競争など

〈実施日〉＿＿月＿＿日　〈時間〉＿＿時＿＿分　～　＿＿時＿＿分　〈着替え〉□有　□無

〈出題方法〉　□肉声　□録音　□その他（　　　　　　）　〈お手本〉□有　□無

〈試験形態〉　□個別　□集団（　　　人程度）

〈内容〉

□サーキット運動

□走り　□跳び箱　□平均台　□ゴム跳び

□マット運動　□ボール運動　□なわ跳び

□クマ歩き

□グループ活動＿＿＿＿＿＿＿＿＿＿＿＿

□その他＿＿＿＿＿＿＿＿＿＿＿＿

〈会場図〉

●知能テスト・口頭試問

〈実施日〉　　月　　日　〈時間〉　　時　　分　～　　時　　分　〈お手本〉□有　□無

〈出題方法〉　□肉声　□録音　□その他（　　　　　　）　〈問題数〉　　枚　　問

分野	方法	内　　　容	詳　細・イ　ラ　ス　ト
（例） お話の記憶	☑筆記 □口頭	動物たちが待ち合わせをする話	（あらすじ） 動物たちが待ち合わせをした。最初にウサギさんが来た。次にイヌくんが、その次にネコさんが来た。最後にタヌキくんが来た。 （問題・イラスト） ３番目に来た動物は誰か 
お話の記憶	□筆記 □口頭		（あらすじ） （問題・イラスト）
図形	□筆記 □口頭		
言語	□筆記 □口頭		
常識	□筆記 □口頭		
数量	□筆記 □口頭		
推理	□筆記 □口頭		
その他	□筆記 □口頭		

●制作　（例）ぬり絵・お絵かき・工作遊びなど

〈実施日〉＿月＿日 〈時間〉＿時＿分 ～ ＿時＿分

〈出題方法〉 □肉声 □録音 □その他（　　　　） 〈お手本〉 □有 □無

〈試験形態〉 □個別 □集団（　　人程度）

材料・道具	制作内容
□ハサミ □のり（□つぼ □液体 □スティック） □セロハンテープ □鉛筆 □クレヨン（　色） □クーピーペン（　色） □サインペン（　色）□ □画用紙（□ A4 □ B4 □ A3 □その他：　　　） □折り紙 □新聞紙 □粘土 □その他（　　　）	□切る □貼る □塗る □ちぎる □結ぶ □描く □その他（　　　） タイトル：＿＿＿＿＿＿＿＿

●面接

〈実施日〉＿月＿日 〈時間〉＿時＿分 ～ ＿時＿分 〈面接担当者〉＿＿名

〈試験形態〉 □志願者のみ（　）名 □保護者のみ □親子同時 □親子別々

〈質問内容〉

□志望動機　□お子さまの様子

□家庭の教育方針

□志望校についての知識・理解

□その他（　　　　　）

（ 詳　細 ）

・

・

・

・

※試験会場の様子をご記入下さい。

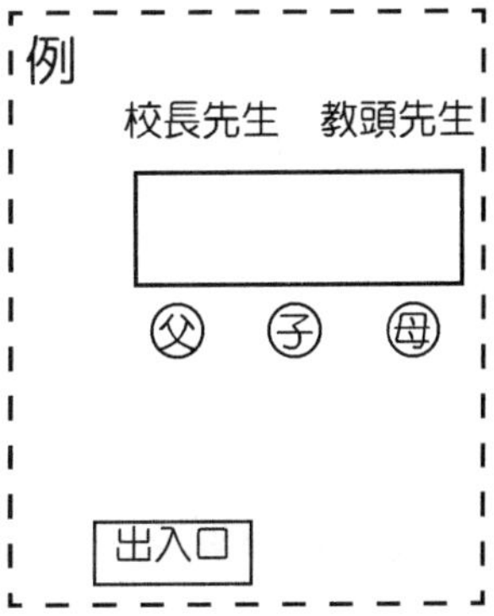

●保護者作文・アンケートの提出（有・無）

〈提出日〉 □面接直前 □出願時 □志願者考査中 □その他（　　　　）

〈下書き〉 □有 □無

〈アンケート内容〉

（記入例）当校を志望した理由はなんですか（150 字）

●説明会（□有　□無）〈開催日〉＿＿月＿＿日〈時間〉＿＿時＿＿分　～　＿＿時＿＿分

〈上履き〉　□要　□不要　〈願書配布〉　□有　□無　〈校舎見学〉　□有　□無

〈ご感想〉

●参加された学校行事（複数回答可）

公開授業〈開催日〉＿＿月＿＿日〈時間〉＿＿時＿＿分　～　＿＿時＿＿分

運動会など〈開催日〉＿＿月＿＿日〈時間〉＿＿時＿＿分　～　＿＿時＿＿分

学習発表会・音楽会など〈開催日〉＿＿月＿＿日〈時間〉＿＿時＿＿分　～　＿＿時＿＿分

〈ご感想〉

※是非参加したほうがよいと感じた行事について

●受験を終えてのご感想、今後受験される方へのアドバイス

※対策学習（重点的に学習しておいた方がよい分野）、当日準備しておいたほうがよい物など

＊＊＊＊＊＊＊＊＊＊＊＊＊　ご記入ありがとうございました　＊＊＊＊＊＊＊＊＊＊＊＊＊

必要事項をご記入の上、ポストにご投函ください。

なお、本アンケートの送付期限は入試終了後３ヶ月とさせていただきます。また、入試に関する情報の記入量が当社の基準に満たない場合、謝礼の送付ができないことがございます。あらかじめご了承ください。

ご住所：〒＿＿＿＿＿＿＿＿＿＿＿＿＿＿＿＿＿＿＿＿

お名前：＿＿＿＿＿＿＿＿＿＿　メール：＿＿＿＿＿＿＿＿＿＿

ＴＥＬ：＿＿＿＿＿＿＿＿＿＿　ＦＡＸ：＿＿＿＿＿＿＿＿＿＿

ご記入頂いた個人に関する情報は、当社にて厳重に管理致します。弊社の個人情報取り扱いに関する詳細は、www.nichigaku.jp/policy.php の「個人情報の取り扱い」をご覧下さい。

分野別 小学入試練習帳 ジュニアウォッチャー

1．点・線図形	小学校入試で出題頻度の高い『点・線図形』の模写を、難易度の低いものから段階別に幅広く練習することができるように構成。
2．座標	図形の位置模写という作業を、難易度の低いものから段階別に練習できるように構成。
3．パズル	様々なパズルの問題を難易度の低いものから段階別に練習できるように構成。
4．同図形探し	小学校入試で出題頻度の高い、同図形選びの問題を繰り返し練習できるように構成。
5．回転・展開	図形などを回転、または展開したとき、形がどのように変化するかを学習し、理解を深められるように構成。
6．系列	数、図形などの様々な系列問題を、難易度の低いものから段階別に練習できるように構成。
7．迷路	迷路の問題を繰り返し練習できるように構成。
8．対称	対称に関する問題を４つのテーマに分類し、各テーマごとに問題を段階別に練習できるように構成。
9．合成	図形の合成に関する問題を、難易度の低いものから段階別に練習できるように構成。
10．四方からの観察	もの（立体）を様々な角度から見て、どのように見えるかを推理する問題を段階別に整理し、１つの形式で複数の問題を練習できるように構成。
11．いろいろな仲間	ものや動物、植物の共通点を見つけ、分類していく問題を中心に構成。
12．日常生活	日常生活における様々な問題を６つのテーマに分類し、各テーマごとに一つの問題形式で複数の問題を練習できるように構成。
13．時間の流れ	『時間』に着目し、様々なものごとは、時間が経過するとどのように変化するのかということを学習し、理解できるように構成。
14．数える	様々なものを『数える』ことから、数の多少の判定やかけ算、わり算の基礎までを練習できるように構成。
15．比較	比較に関する問題を５つのテーマ（数、高さ、長さ、量、重さ）に分類し、各テーマごとに問題を段階別に練習できるように構成。
16．積み木	数える対象を積み木に限定した問題集。
17．言葉の音遊び	言葉の音に関する問題を５つのテーマに分類し、各テーマごとに問題を段階別に練習できるように構成。
18．いろいろな言葉	表現力をより豊かにするいろいろな言葉として、擬態語や擬声語、同音異義語、反意語、数詞を取り上げた問題集。
19．お話の記憶	お話を聴いてその内容を記憶、理解し、設問に答える形式の問題集。
20．見る記憶・聴く記憶	「見て憶える」「聴いて憶える」という『記憶』分野に特化した問題集。
21．お話作り	いくつかの絵を元にしてお話を作る練習をして、想像力を養うことができるように構成。
22．想像画	描かれてある形や景色に好きな絵を描くことにより、想像力を養うことができるように構成。
23．切る・貼る・塗る	小学校入試で出題頻度の高い、はさみやのりなどを用いた巧緻性の問題を繰り返し練習できるように構成。
24・絵画	小学校入試で出題頻度の高い、お絵かきやぬり絵などクレヨンやクーピーペンを用いた巧緻性の問題を繰り返し練習できるように構成。
25．生活巧緻性	小学校入試で出題頻度の高い日常生活の様々な場面における巧緻性の問題集。
26．文字・数字	ひらがなの清音、濁音、拗音、拗長音、促音と１～20までの数字に焦点を絞り、練習できるように構成。
27．理科	小学校入試で出題頻度が高くなりつつある理科の問題を集めた問題集。
28．運動	出題頻度の高い運動問題を種目別に分けて構成。
29．行動観察	項目ごとに問題提起をし、「このような時はどうか、あるいはどう対処するのか」の観点から問いかける形式の問題集。
30．生活習慣	学校から家庭に提起された問題と思って、一問一問絵を見ながら話し合い、考える形式の問題集。

31．推理思考	数、量、言語、常識（含理科、一般）など、諸々のジャンルから問題を構成し、近年の小学校入試問題傾向に沿って構成。
32．ブラックボックス	箱や筒の中を通ると、どのようなお約束でどのように変化するかを推理・思考する問題集。
33．シーソー	重さの違うものをシーソーに乗せた時どちらに傾くのか、またどうすればシーソーは釣り合うのかを思考する基礎的な問題集。
34．季節	様々な行事や植物などを季節別に分類できるように知識をつける問題集。
35．重ね図形	小学校入試で頻繁に出題されている「図形を重ね合わせてできる形」についての問題を集めました。
36．同数発見	様々な物を数え「同じ数」を発見し、数の多少の判断や数の認識の基礎を学べるように構成した問題集。
37．選んで数える	数の学習の基本となる、いろいろなものの数を正しく数える学習を行う問題集。
38．たし算・ひき算１	数字を使わず、たし算とひき算の基礎を身につけるための問題集。
39．たし算・ひき算２	数字を使わず、たし算とひき算の基礎を身につけるための問題集。
40．数を分ける	数を等しく分ける問題です。等しく分けたときに余りが出るものもあります。
41．数の構成	ある数がどのような数で構成されているか学んでいきます。
42．一対多の対応	一対一の対応から、一対多の対応まで、かけ算の考え方の基礎学習を行います。
43．数のやりとり	あげたり、もらったり、数の変化をしっかりと学びます。
44．見えない数	指定された条件から数を導き出します。
45．図形分割	図形の分割に関する問題集。パズルや合成の分野にも通じる様々な問題を集めました。
46．回転図形	「回転図形」に関する問題集。やさしい問題から始め、いくつかの代表的なパターンから、段階を踏んで学習できるよう編集されています。
47．座標の移動	「マス目の指示通りに移動する問題」と「指示された数だけ移動する問題」を収録。
48．鏡図形	鏡で左右反転させた時の見え方を考えます。平面図形から立体図形、文字、絵まで。
49．しりとり	すべての学習の基礎となる「言葉」を学ぶこと、特に「語彙」を増やすことに重点をおき、さまざまなタイプの「しりとり」問題を集めました。
50．観覧車	観覧車やメリーゴーラウンドなどを舞台にした「回転系列」の問題集。「推理思考」分野の問題ですが、要素として「図形」や「数量」も含みます。
51．運筆①	鉛筆の持ち方を学び、点線なぞり、お手本を見ながらの模写で、線を引く練習をします。
52．運筆②	運筆①からさらに発展し、「欠所補完」や「迷路」などを楽しみながら、より複雑な鉛筆運びを習得することを目指します。
53．四方からの観察 積み木編	積み木を使用した「四方からの観察」に関する問題を練習できるように構成。
54．図形の構成	見本の図形がどのような部分によって形づくられているかを考えます。
55．理科②	理科的知識に関する問題を集中して練習する「常識」分野の問題集。
56．マナーとルール	道路や駅、公共の場でのマナー、安全や衛生に関する常識を学べるように構成。
57．置き換え	さまざまな具体的・抽象的事象を記号で表す「置き換え」の問題を扱います。
58．比較②	長さ・高さ・体積・数などを数学的な知識を使わず、論理的に推測する「比較」の問題を練習できるように構成。
59．欠所補完	線と線のつながり、欠けた絵に当てはまるものなどを求める「欠所補完」に取り組める問題集です。
60．言葉の音（おん）	しりとり、決まった順番の音をつなげるなど、「言葉の音」に関する問題に取り組める練習問題集です。

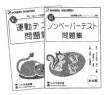

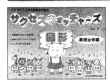

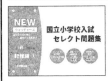

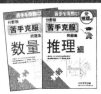

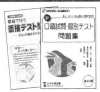

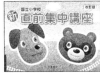

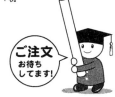

家庭学習をトータルサポート！ ニチガクのオリジナル 効果的 学習法

1 まずはアドバイスページを読む！

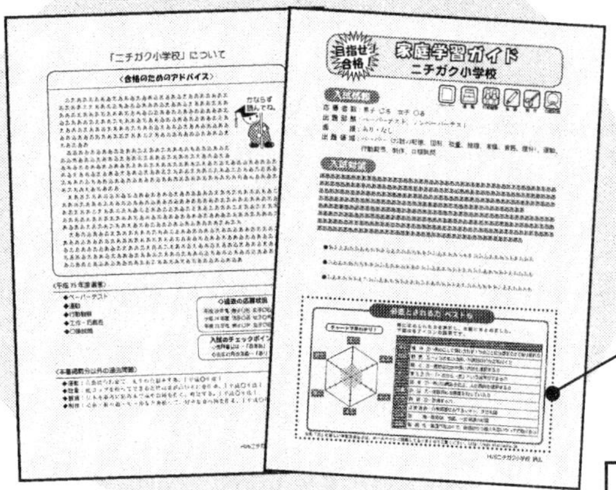

ピンク色です

対策や試験ポイントがぎっしりつまった「家庭学習ガイド」。分析内容やレーダーチャート、分野アイコンで、試験の傾向をおさえよう！

2 問題をすべて読み、出題傾向を把握する

3 「学習のポイント」で学校側の観点や問題の解説を熟読

4 はじめて過去問題にチャレンジ！

5 プラスα 対策問題集や類題で力を付ける

過去問のこだわり

各問題に求められる「力」

分野だけでなく、各問題の求められる「力」をアイコンで表記！アドバイスページの分析レーダーチャートで力のバランスも把握できる！

各問題のジャンル

問題6 分野：推理（系列）（女子） 考え 観察

〈準備〉 クーピーペン（赤）

〈問題〉 空いている枠の中に入るものを下から選んで、○をつけてください。

〈時間〉 30秒

〈解答〉 ①真ん中 ②左

出題年度

［2020年度出題］

学習のポイント

系列は規則性を発見できるかどうかがポイントになります。規則性は、言い換えれば繰り返しということです。①では、「晴れ、曇り、雨」の繰り返しなのですぐに正解を見つけることができると思いますが、②では急に難しくなります。結論から言うと、「△□○△△○□」の繰り返しになるのですが、規則性を見つけるのは簡単ではないでしょう。オーソドックスな解答法として、口ずさんでリズムをつかむというやり方がありますが、①のような短い繰り返しの場合は有効ですが、ここでは７つという長い繰り返しになるのでうまくリズムをつかむことができません。なので、空欄の前後から正解を考えていくという方法で正解を導いていきたいと思います。空欄の後ろに、「△△」という特徴的な並びがあるので、ほかの並びを見てみると「○」が入るということが予想できます。このように解き方は１つだけではないので、解き方をいくつか知っておくとよいでしょう。

【おすすめ問題集】
Ｊｒ・ウォッチャー６「系列」

学習のポイント

各問題の解説や学校の観点、指導のポイントなどを教えます。
保護者の方が今日から家庭学習の先生に！

おすすめ対策問題集

分野ごとに対策問題集をご紹介。苦手分野の克服に最適です！
＊専用注文書付き。

2021年度版 東京学芸大学附属小金井小学校 過去問題集

発行日 2020年5月25日
発行所 〒162-0821 東京都新宿区津久戸町 3-11-9F
日本学習図書株式会社
電 話 03-5261-8951 ㈹

ISBN978-4-7761-5304-7
C6037 ¥2000E

9784776153047

定価 本体2,000円＋税

1926037020004

詳細は http://www.nichigaku.jp 日本学習図書 検索